江西古村落档案丛书

主编 王德保 副主编 黄志繁

滨湖渔村

都昌邹家咀村档案

李敏 编著

南昌大学文化资源与产业研究院丛书

岳麓書社 · 长沙

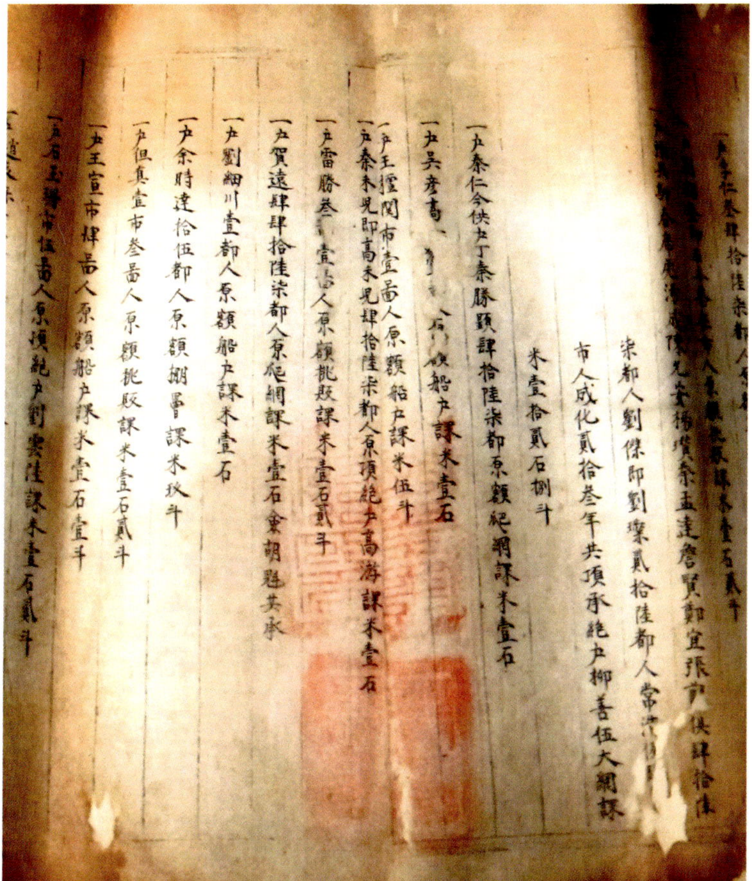

明嘉靖二十一年（1542）《都昌县渔米课册》

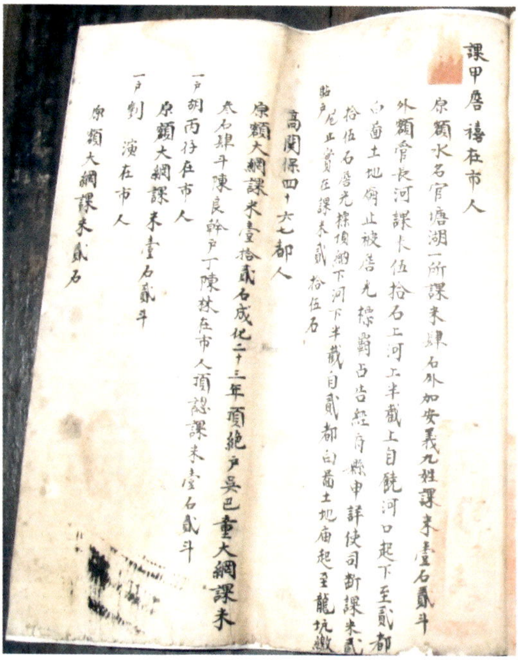

清代的《都昌县渔米课册》（1）

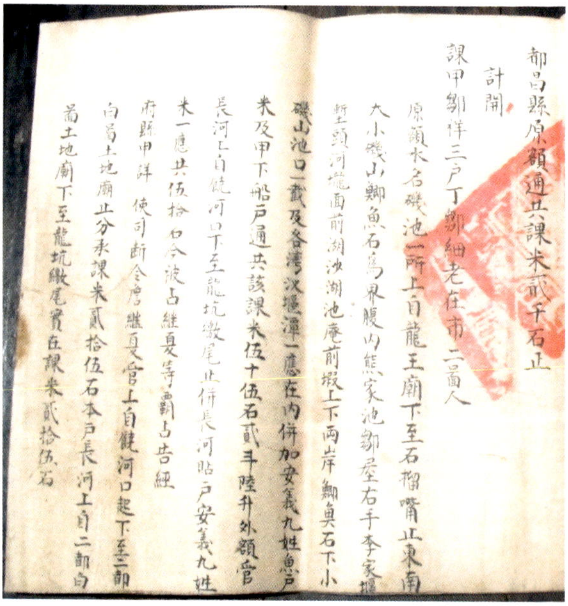

清代的《都昌县渔米课册》（2）

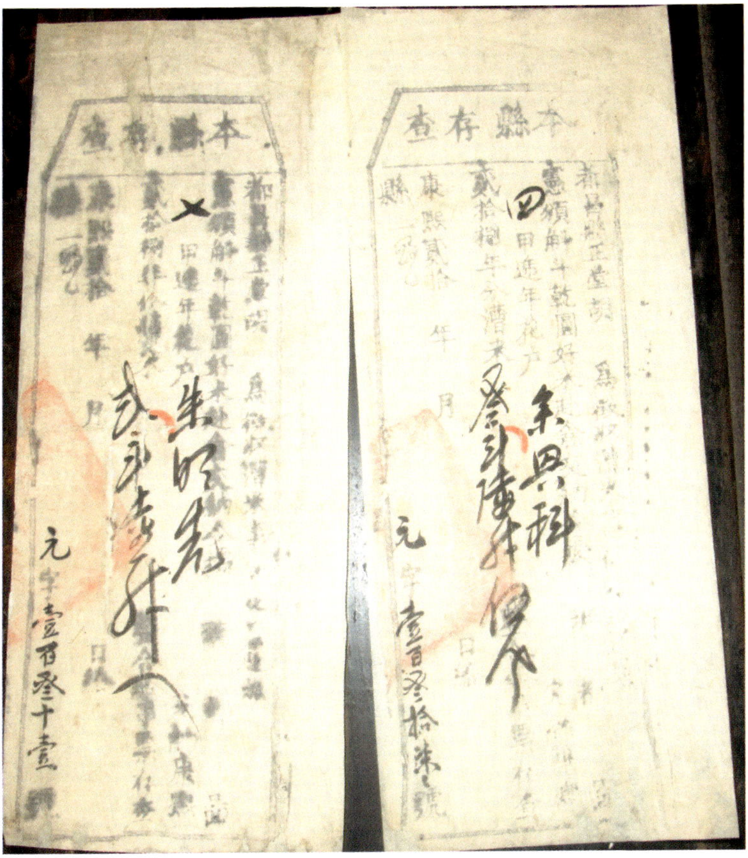

清康熙二十八年（1689）串票

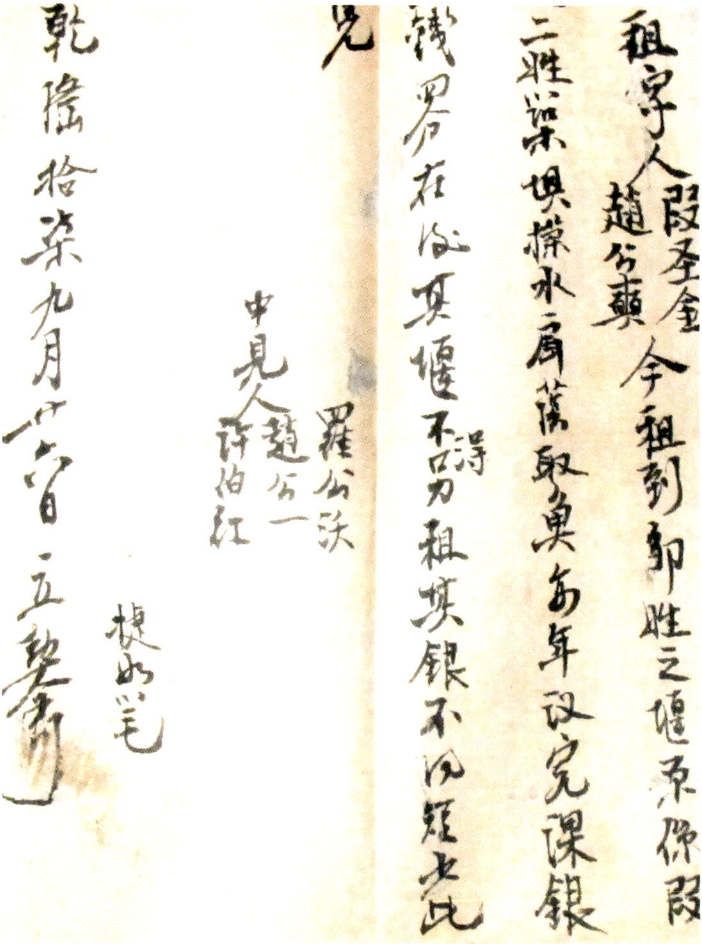

清乾隆十七年（1752）租契

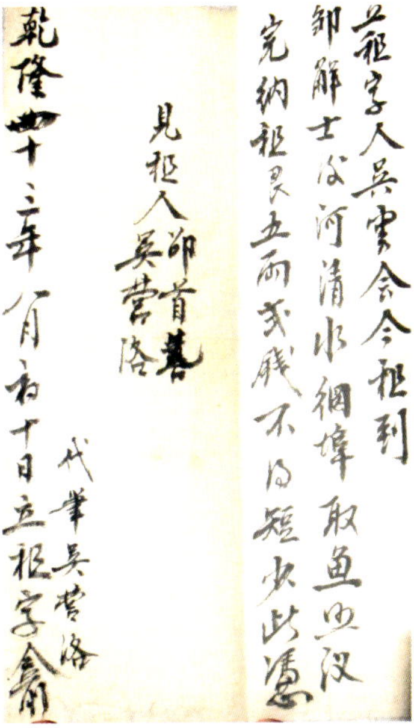

清乾隆四十三年（1778）租契（1）

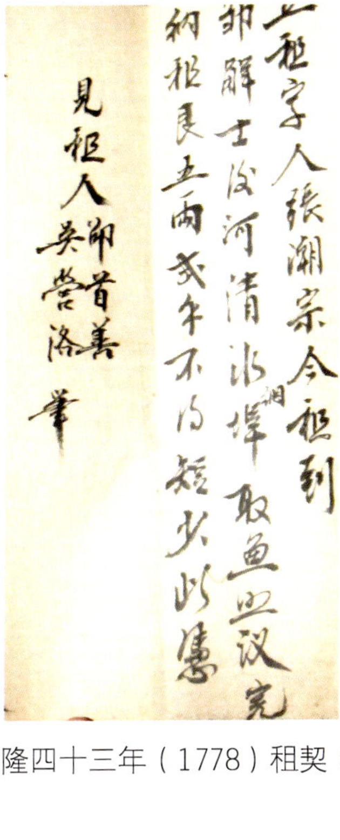

清乾隆四十三年（1778）租契（2）

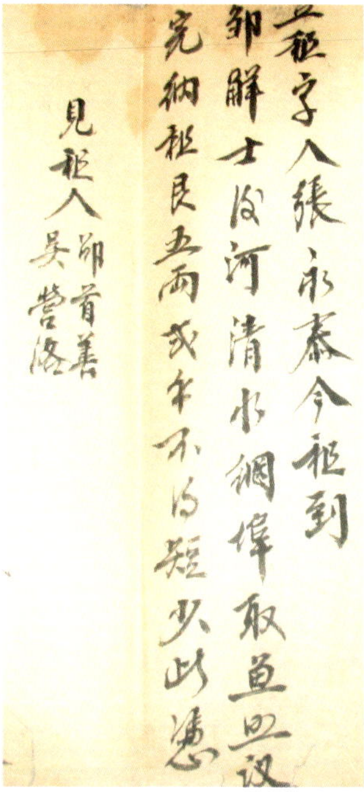

立租字人張永泰今租到
郭鮮士段河清水網峰取魚四設
完納租艮五兩弍年不得短少此憑
見租人 郭肯善 吳營洛

清乾隆四十三年（1778）租契（3）

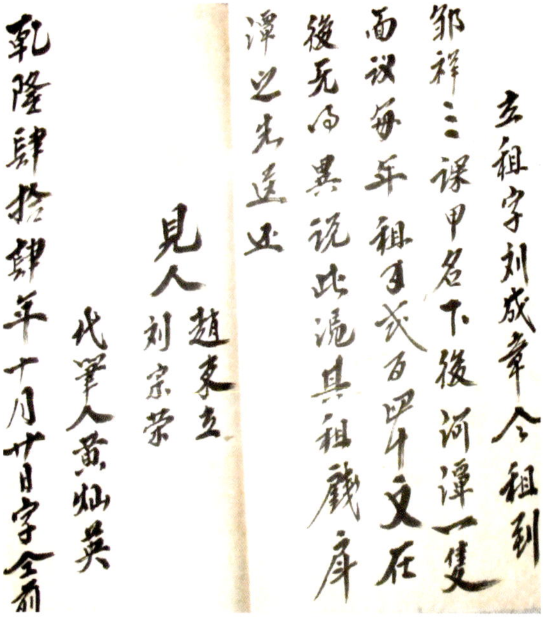

立租字刘成章今租到
郭祥三謀甲名下後河潭一隻
面议每年租寸弍百四十文在
後无得異說此憑其租錢存
潭边先送此
見人 趙東立 刘宗荣
代筆人黃灿英
乾隆肆拾肆年十月廿日字全前

清乾隆四十四年（1779）租契（1）

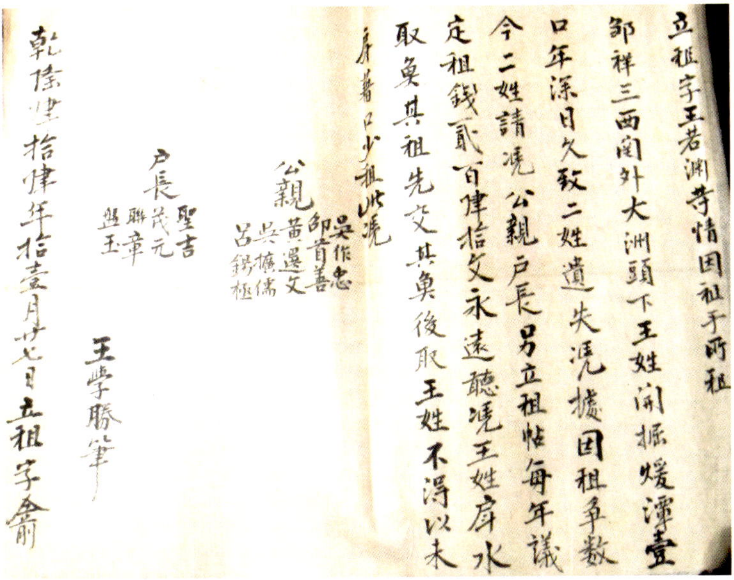

清乾隆四十四年（1779）租契（2）

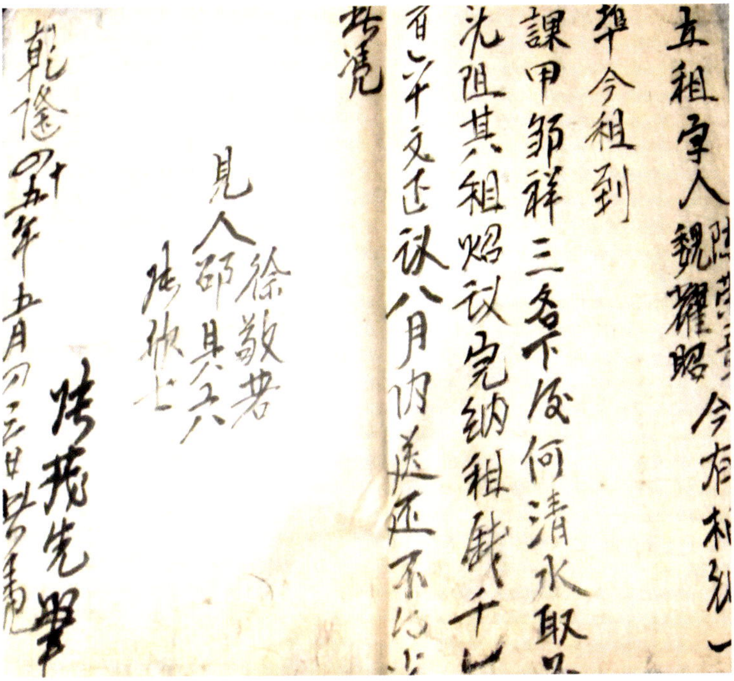

清乾隆四十五年（1780）租契

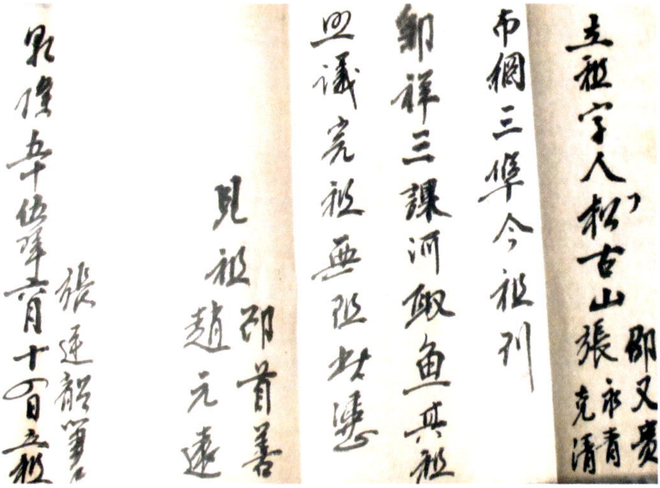

清乾隆五十五年（1790）租契

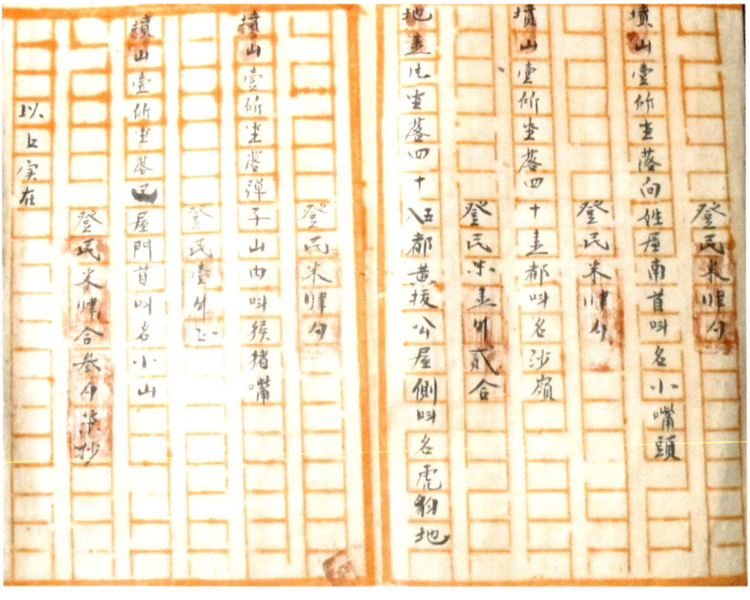

1928 年的粮册

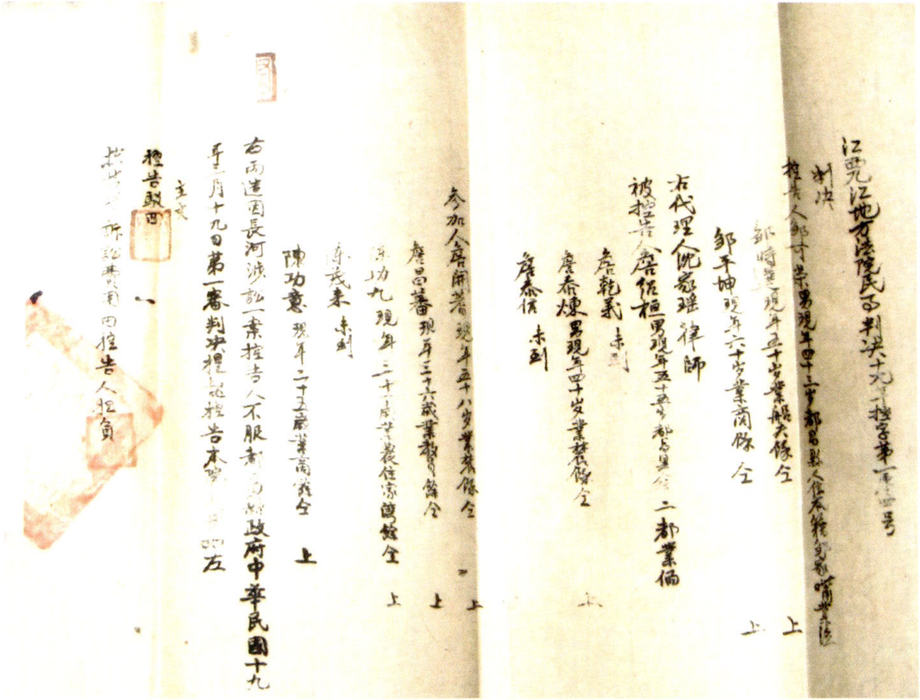

1930 年的法院判决书

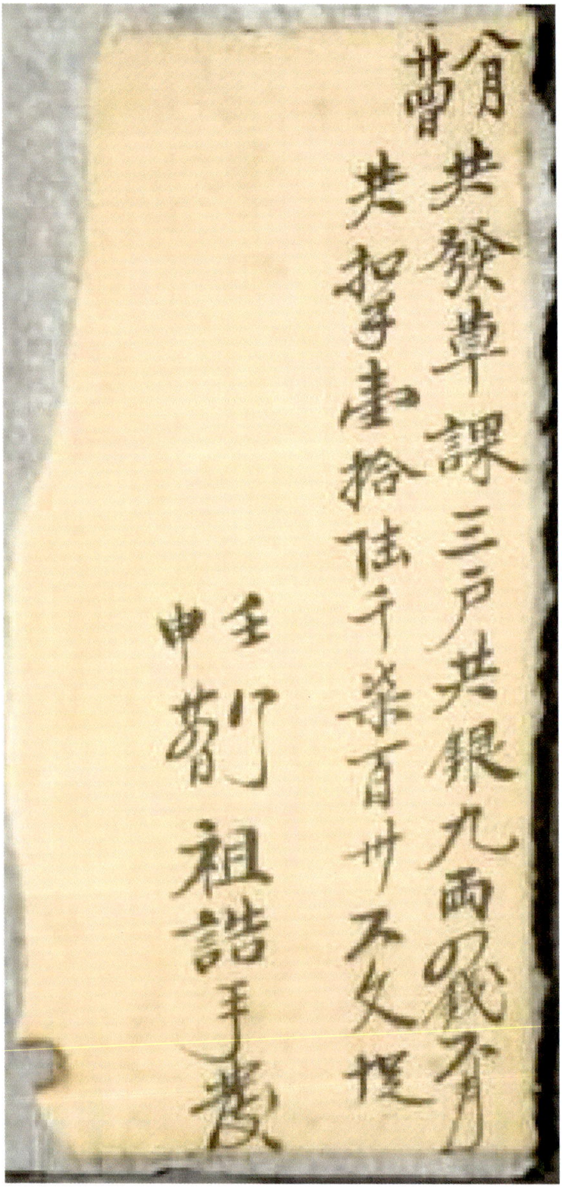

民国年间的草课单

序

近日，南昌大学黄志繁教授告知，由王德保教授和他主编的“江西古村落档案丛书”（以下简称“丛书”）10种编写告竣，将要出版，并殷殷以写序为嘱。我阅读了志繁发来的书稿，感触良多。这里就将自己的一些感想写出，作为序言，以应编者的雅意。

所谓古村落，指的是历史久远、内涵丰富的现存村庄聚落。学者或谓，传统村落包含了中华文化的DNA，此语说出了古村落最重要的研究价值所在。在当下，古村落的调查研究，不仅有助于了解中国传统社会，也是推动解决“三农问题”、促进农村社会走向现代化所必需的。自20世纪30年代费孝通《江村调查》等名著开其端，此后尤其是改革开放以来，历史学、人类学、社会学、民族学等领域的相关研究早已成为显学，成果汗牛充栋。

江西作为中国封建社会后期经济、文化发达区域之一，出现了数量众多、规模较大、类型和内涵丰富的古村落。进入20世纪以来国家评选“历史名镇名村”和“中国传统村落”，江西均名列前茅，自非偶然。[①]研究中国古村落，江西可说是一

①据梁洪生《珍如珠宝的江西古村》（《江西日报》2014年5月28日）介绍，迄该文发表，国家评选的历史名镇名村，全国共有528处，江西有33处，居第6位；中国传统村落，全国共有1561个，江西有89个，居第5位。

个理想的地域。当代江西地区的古村落研究成果显著，和这样一个有利条件密不可分。

我没有能力全面评价当代江西古村落研究的得失，但我愿意借此机会谈谈与此研究有关的三位人物，以及他们所做工作的意义和启示。

序 兄弟联居万载周家大屋档案我要谈的第一位人物是毛泽东。

对江西传统村落的调查研究，其实开展得相当之早。民国时期，很多省份的有关调查都以政府机构或学者为主导，与之不同，江西最大的特点是以毛泽东为代表的中国共产党人做了重要的开创性工作。早在1920年，毛泽东就到萍乡县安源镇进行了一周左右的调查，此后他又多次来此考察，并领导了著名的安源路矿工人大罢工。1927年后，在创建井冈山根据地和赣南闽西苏区的过程中，毛泽东做了大量农村调查，如“宁冈调查”“永新调查”“寻乌调查”“兴国调查”“长冈乡调查”“东塘等处调查”“木口村调查”等。毛泽东搞调查是为了真切了解社情，正确指导革命进程，因而和同时代他人所做社会调查目的不同，和今人的古村落研究侧重点也不一致，但因其数量较多且方法独特，深入细致，“拼着精力把一个地方研究透彻”[①]，他的调查报告至今仍是研究民国前期江西地方社会和村落历史的宝贵资料。

因此，江西传统村落的调查研究，毛泽东实为开辟者。对当代江西古村落的研究者而言，毛泽东是不可忽略的，特别是他在调查和著作中所体现出的那种改造社会的使命感，经世致用的鲜明立场，严谨的态度、方法，今天仍值得继承发扬。

第二位是我的老师周銮书先生。

1990年夏，时任中共江西省委宣传部副部长的銮书先生发现了历史文化内涵极为丰富又保存较好的千年古村——流坑。在谷霁光先生的鼓励和指导下，他随即组织了一支由多方面专

①中共中央文献研究室编：《毛泽东农村调查文集》，北京：人民出版社，1982年，第56页。

业人士组成的队伍开展流坑历史文化调查。后应他要求，当时分别任教于江西师范大学和江西大学的梁洪生与我亦加入其中。历经数年，经多次深入流坑和周边村落勘察调研，并广泛查阅族谱、古籍和其他资料，最终形成了《千古一村——流坑历史文化的考察》一书（南昌：江西人民出版社，1997年）和一批研究论文。对流坑村的历史文化调查，不仅直接促成古村成为国家重点文物保护单位和江西著名的旅游景区，更使之成为国内社会经济史和历史人类学研究的一个重要样本，而且直接推动了政府和学术界对江西古村落的调研、保护、开发工作。

在之后的十余年间，銮书老师还发现和初步考察了几十个古村落。仅我陪同他去过的，就有吉安市青原区渼陂村，吉安县唐贤坊，吉水县双元村，泰和县爵誉村，丰城市厚板塘、白马寨等十余处。除了写文章介绍宣传这些古村落，如何深入研究并保护好它们，更是他极为关心和尽力推动的。即使身罹重病，他也没有停下脚步，放弃努力。病笃时，他犹以“江西古村丛书”的研究编纂为念。

周銮书老师可说是开现代江西古村落研究风气的第一人。他所发起和领导的流坑调查，开创了一个整合不同学科专家，集中力量长期、细致地研究一个村落，并且将调研、保护和开发利用有机结合起来的研究模式。他对赣地相关史学研究和人才培养也有深刻影响。20世纪90年代以来，包括他不少学生在内的江西历史学人普遍投身古村落研究，大批研究生也以此作为学位论文选题，和他往往有直接或间接的关系。

如今周师墓木已拱，我在深深地怀念他的同时，更加期盼后来者能像他那样，坚定执着，放眼长远，组织团队，抓住典型个案，持之以恒，扎实工作，创造新的研究典范，把江西古村落研究推向新的高度。

第三位，则是法国远东学院的劳格文教授。

这位外国学者从1992年开始，组织开展了前所未有的对闽、粤、赣交界区域客家社区和文化的大规模田野调查。调查范围广阔，经费较为充足，参加者众多，持续时间长而且扎实深入，成绩相当显著。劳格文教授迄今已出版了数十部内容充实的著作，大大拓展和深化了对客家古村落的研究，更可贵的是由此培养了一批地方学者。他们不仅熟悉人类学的田野调查方法和现代学术范式，而且有一定的国际视野。就江西而言，赣南地区客家村落调查大面积展开，成果众多，积累丰厚，省内尤其是赣南师范学院等单位的一批中青年学者崭露头角，相关研究逐渐和国际接轨，在很大程度上正是受益于此项计划。

劳格文教授和他的贡献在江西学术史上应具有重要地位。"劳格文计划"最重要的特色或可概括为：以现代学术理念为指导，国际合作，统筹规划，群体作战，大范围地开展田野调查。该计划以其显著成就，为江西古村落研究提供了一种理念、路径和方法的示范，很值得借鉴和推广。

对江西古村落研究做出重要贡献的当然不止以上三人。比如就在20世纪90年代前期，江西还有王沪宁、钱杭等人在泰和县开展村落家族文化调研，并出版了《当代中国村落家族文化——对中国社会现代化的一个探索》（王沪宁著，上海：上海人民出版社，1991年）和《传统与转型：江西泰和农村宗族形态——一项社会人类学的研究》（钱杭、谢维扬著，上海：上海社会科学院出版社，1995年）两部著作。两部著作的政治学和社会人类学特色突出，对相关研究有较大影响。江西大学梁淼泰教授也在1991年出版了《明清景德镇城市经济研究》（南昌：江西人民出版社，2004年）一书。此书积三十余年之功，对明清时期的景德镇瓷业经济和社会进行了深入探索，实为不可多得的力作，对江西古市镇研究亦产生了积极影响。

值得注意的是，流坑调查、"劳格文计划"和上述两项重要成果都出现于20世纪90年代前期，而且四者正好是一村（流坑村）、一县（泰和县）、一市（景德镇）、一片（赣南地区），有点有面，颇具代表性。而且正是在它们的影响推动下，江西出现了古村落调研热，1994年兴起的赣文化研究热潮也与此不无关联。因此可以说，20世纪90年代前期江西古村落研究进入了一个新的历史阶段。

近二十年来，包括古村落在内的江西历史文化研究成绩显著，这一点毋庸置疑。但如果从有关调研的宗旨和视野、广度和深度、重要成果的数量以及国内外学术界的认可度这些方面来看，今日江西古村落研究似乎还没有超越刚开始的阶段，还需要更多的努力。而努力的方向，我以为在很大程度上就在于上述三位先进为我们展示的精神和路径。认真回顾、思考和借鉴、践行他们的工作理念和方式方法，对于深化和推进江西古村落研究是很必要也很重要的。这是为什么我要在此谈论他们的原因，也是我很想向江西学术界朋友提出的一点建议。

古人云："序者，序典籍之所以作也。"所以写了上面许多话之后，还是要回到"丛书"上来。

本"丛书"是由黄志繁博士牵头组织进行的南昌大学赣学研究项目下古村落调研计划的首批成果。第一批著作共计10种，研究对象均为江西比较典型、知名度较高的古村落。而其中的绝大部分，都是周銮书先生生前一直期望能够组织开展调研并编成"江西古村丛书"的对象。由于种种因素特别是人员的制约，周老师没能像调查流坑村那样实现愿望。现在，先生的遗愿终于变为现实，令人欣慰。

以我之见，本"丛书"有几个优点：

一是调研比较深入。"丛书"的作者多是年富力强的中青年学者，为了完成本书编撰，他们在充分利用前人工作成果的同时，深入古村落，做了大量调研工作，从而能把研究对象的基本情况比较全面地发掘和展示出来。特别是，多位作者选择了家乡村落进行研究，有近便和熟悉的优势；还有的作者对相关古村落的研究有一定基础，如廖艳彬当年硕士论文的研究对象就是槎滩陂和爵誉村，原在丰城工作的毛静对白马寨早有关注和多次考察，撰述自然更加深入扎实。

二是体例谨严。"丛书"在编写之初，就拟定了编写体例，各书均由导言、村图、建筑、历史人物、民俗文化（教育与文化）、文献、自主内容、附录八个部分组成。这样，一方面，全书结构和内容较为规范；另一方面，"自主内容"一章的设置，也给予作者自由发挥的空间，可以根据研究对象的特性突出特色。“丛书”成于众手，却能做到既比较整齐，又各有特色，它的编写体例是重要的保证。

三是注重历史信息和资料的保存。黄博士告诉我，“丛书”的基本目的之一，就是想把江西主要古村落的历史面貌和重要资料保存下来。将来即使古村落被改变甚至破坏，通过“丛书”人们还可以了解到它们在历史上的大致情况。因此，书中不仅尽量对村落的历史和现状有较为细致的描摹，而且以较大篇幅收录了族谱、契约和碑刻等方面的资料。这使本“丛书”具有突出的存故特色与较大的史料价值，便于学者利用。“丛书”的最大价值，应该就在这一方面。

“丛书”的面世，是江西古村落研究的重要成果，而且据我所知，此类丛书在江西还属首部，当然值得祝贺。但我想更为重要的是，“丛书”的完成和出版，不仅意味着这一批具有典型意义的古村落得到了较为深入的研究，见证着一批中青年研究者的成长和有所成就，而且意味着主持者和参与者正在沿着正确的方向实实在在地努力和前进，因而大有希望。

“丛书”当然也有不足。作为以保存资料为主要目的的著作，“丛书”研究深度上相对欠缺，对江西古村落具有规律性的内容和特质探讨不够。如果在全书之首有一个总论性的讨论，应可弥补。此外，“丛书”虽然重视村落文献的搜集，但基本限于族谱资料，碑刻、契约文书很少，正史、方志、文集等其他方面的资料更很少涉及。这都是令人遗憾的，需要在今后改进。

是为序。

邵鸿

2015年7月11日

目录

导言

本书通过整理邹家咀村渔民的历史文书，为学界研究补充史料，并在结合文献和田野考察的基础上，讲述渔民在建构自身历史的过程中与国家之间的互动关系。①

位于都昌县城郊的邹家咀村（古称马船嘴②），其前身是集体化时期邹家咀渔业大队下辖的一个生产队。过去，邹家咀村村民世代打鱼为生，按村里人的说法是“以水为田，以鱼为命”。村南十多里外的矶池，位于大、小矶山之间，是处到了冬季也不会完全干涸的深水渔港，也是过去邹家人世代取鱼的地方。③20世纪六七十年代，大矶山一带修筑堤坝，阻隔了邹家咀村村民南下捕鱼的水路，矶池逐渐无鱼可捕，后来邹家咀村村民只得改变了生产方式。今天的邹家咀村没有神庙，标志性的建筑物是一栋位于村中心的祠堂，它是村民举办婚丧节庆活动的场所。虽然村里已经没有过去随水捕鱼的生活气息，但

①本书收集文献过程中得到了上海交通大学曹树基教授的指引和邹家咀村党支部书记邹圣生同志、村民邹全水老人的帮助，笔者在此深表谢意。

②“马船嘴：在治西一里，旧有官船泊此，至今为渡口。”〔曾王孙修，徐孟深纂：康熙《都昌县志》卷一《封域》，清康熙三十三年（1694）补刻本〕

③“矶池，位于北山公社驻地西偏南9公里处，两埒坨洲中，涸期面积800亩，深7~10米，盛产鱼、蚌、鳖，旧习秋禁冬捕，为北山公社邹家咀渔民主要捕捞场所。”（《江西省都昌县地名志》，内部出版，1986年，第302页）

所存的一批渔民文书，印证了这个村曾是一个“传统”滨湖渔村。这批文书的核心，正是邹家咀村村民宣称自己自明清以来对矶池享有的产权登记及租佃权益。邹全水老人是文献的保管人。在他所保管的这批文献中，有一本明嘉靖二十一年（1542）《都昌县渔米课册》（以下简称《渔米课册》）[①]，外观破旧，每页都有字迹不清的官府钤印。据邹全水老人说，这本册籍是从明代传下来的，并强调说册中所载的邹祥三，正是邹家人的“祖先”。在《渔米课册》中，邹祥三是首位登记的课户，其承办矶池的内容如下：

库甲：一户邹祥叁，市贰啚人，原额闸办矶池壹所，上至龙王庙，西南至大矶山及腹内湾汊潭，下至石榴嘴，共课米叁拾柒石；又并邹祥叁大网罾课米陆石肆斗；嘉靖元年，加安义县玖姓渔户课米壹石贰斗。共该课米肆拾（缺文）石柒斗。[②]

地方志记载，明初都昌县确有邹祥三其人，其在洪武年间“以人材举，任湖广靖州知州”[③]，但这并不足以证明方志中的邹祥三一定就是邹家人的祖先。《渔米课册》开篇介绍了其编造由来，内容如下：

南康府都昌县为改造河泊所课（缺文）弊事。嘉靖贰拾壹年肆月拾柒日，承奉本府帖文，案照先奉江西等处承宣布政使司札付：据本府申前事备，将本县官吏查照先今事理，即将原发吕乾通名下，追出伊兄吕乾浩原造该县课册草底到官，从公查对，速照原行旧额改编，将课米、人户逐一清查，照旧课米，多者为头户，少者编为贴户，通行造册解府，覆查转报。其吕乾浩名下纸价银贰钱、赎罪米价银叁两（缺文）完，一并解报

①邹家咀村还藏有另外两本清代的《都昌县渔米课册》。本书下文出现的《渔米课册》均指明嘉靖二十一年（1542）《都昌县渔米课册》。

②《渔米课册》，第3页。文中的邹祥叁即邹祥三。

③康熙《都昌县志》卷七《人物·荐辟》。

等因。奉此遵行间，本年六月初二日，抄蒙九江府信牌，案照先蒙江西等处提刑按察司分巡九江道佥事缪钧牌，蒙巡按江西监察御史沈批：该本道呈据（缺文）仰府速追吕乾浩纸价银壹钱、罪银肆（缺文）七个月之上，无从办纳，告称贫难，乞与改（缺文）差整饬九江、安庆等处兵备带（缺文）乾浩，准暂保，营办完日，枷号押（缺文）壹钱，督并营办完足，仍押回（缺文）本府先问前罪，加拟罪银肆两、纸（缺文）允准令暂保营办等语。本年十一月内（缺文）钦差刑部浙江司署郎中蒲，临县审录（缺文）后随蒙案开：吕乾浩既经半年之上，难覆（缺文）发落。十二月初十日，又蒙九江府信牌，抄（缺文）江西等处提刑按察司分巡九江道佥事郑钧牌，蒙巡按江西鉴（监）察御史李批：该本道呈为乞办害民掇陷事。蒙批（缺文）完，给主赃银，免追纸米，的决枷号一个月，满放发落。蒙此，备行九江府（缺文）县，即将原发吕乾浩的决八十，仍枷号一月，满日发落，具由申府，以凭转报。蒙此，审据吕乾浩执称先蒙九江府追完赃银壹钱，已给方亨三收领，取领缴报讫。遵将本犯的决八十，枷号一月满放，具由申报讫。追出吕乾浩原造课册草底，逐一查照旧（缺文），将课米、人户多者为头户，少者为贴，合行造册，缴报施行，须至册者。①

这段文字表明《渔米课册》最早出自吕家。嘉靖年间，在都昌县征收渔课的胥吏吕乾浩，将课册底册存放在其弟吕乾通家里，自己却使用另外一本实征册，但此举后被揭发，官府介入调查，于是都昌县衙奉命追查出吕家所藏底册下落，并将之与吕乾浩所用实征册比勘，最终重新编造出今天看到的这本册子。问题在于，如果说官府从吕家取得底册是基于断案之需，那么，《渔米课册》最后从官府流入邹家则似乎难以解释，因为按照以往的观点，登记一县民户的黄册只能存在于县、府两级

① 《渔米课册》，第1—2页。

衙门之中，而不可能交由某个村来保管。[①]而《渔米课册》作为黄册的一个门类，其编造与存放自然也应遵守这一规则。因此，在进一步探讨渔户课甲的问题之前，有必要先回到邹家自身的发展脉络中，解释《渔米课册》因何从官府流入邹家。

通读邹氏宗谱发现，历史上与邹家咀村联宗的聚落主要有四个，其中两个是湖口县的东畲坊和都村，这两个聚落早在万历八年（1580）最先合修宗谱，分别声称为宋末德新公之子文甫、文康的后代，故各又以东、西二邹自称；另外两个与邹家咀村联宗的聚落就在当地，一个位于都昌县城西街，另一个位于大矶山上。顺治十年（1653），邹家咀、西街和大矶山邹氏利用东畲坊人邹茂卿提供的宗谱，而统一联到所谓德新公第三子文博公名下，因而以“南邹”自称。清初，湖口、都昌两县地区最终形成了东西南北“四邹”格局，而都昌当地三支的关系被表述为：文博裔孙孝宣自湖口迁都昌，衍生伯一，伯一于元末迁居县城西街；历九世至天贞（1570—1629）和天盟（1594—1643），各自再分迁至大矶山和邹家咀，因此矶池附近就形成了西街、大矶山和邹家咀三个声称拥有世系关联的邹姓聚落。而当地在顺治年间主导上述联宗活动之人，正是天贞之子德赞和天盟之子德孟（1616—1665）[②]。两人对当时主持联宗之事有如下记载：

稽之荐公来自唐，督洪州。迨德新公，由湖口剑山，两邑连界，子支有东、南、西、北庄之分也，公弟有千、户、派之分也。我南邹文博公，至孝宣都迁，有分庄五都、六都、县

①相关讨论可参见栾成显：《明代黄册研究》，北京：中国社会科学出版社，1998年，第29—46页；韦庆远：《明代黄册制度》，北京：中华书局，1961年，第26—27页。

②民国《邹氏宗谱》（1926年修）卷七《县市西街南邹伯一公世系》记载：“邹德孟，字大作，郡庠生，生于万历丙辰年五月二十二日丑时，殁于康熙乙巳年二月初三日寅时。”

市。……至世祖知州仲祥公（即邹祥三），（缺文）考以上，越九代，共处不易。幼观考之昆弟，雍雍和睦，尝侧闻父叔之言，……奈何旧谱之遗废于兵火，人文之乏，莫如我代。……乃者，东宗叔祖祥甫、兄茂卿，以彼谍相询，不胜（缺文），因得而续综之。[①]

因老谱湮灭，两人对祖先的了解仅靠回忆儿时“父叔之言”，故两人对家族史的了解程度不会太深。吊诡的是，邹德赞与邹德孟在顺治年间修谱时，竟对邹祥三的生平做出了如下精细的描述：

道三，即祥三，字仲祥，号南明，生于洪武年间，人材举人，任湖广靖州之事，详县志。……我祖祥三公宦楚时，居官廉直，不惮权势，因爱民遭谤归里，于洪武三十二年闸办矶池一所，连内湖洲汊，共登课米。版籍所载，买者卖者斩，永远不许遗易。历数百年，至近祖明週、明进、明遡、明迪、明千公，为小州（洲）地与豪宦争构，亦不得而侵夺之。迨及元未（明末），屡经变乱。清朝定鼎，又经丈量[②]查核，照旧纳课，时赞、孟等得以上沐皇恩，仰籍祖德，以诸昆弟守成之也。嗟我祖业艰难，因志之，以示后来，可弗慎与？

裔孙德赞、德孟同拜撰。[③]

邹德赞与邹德孟不仅用到了前述《都昌县志》中邹祥三任靖州知州的表述，还复述了《渔米课册》中的邹祥三“闸办矶池壹所”之记载；至于邹祥三的字、号，“闸办矶池”的时间，及“爱民遭谤归里”的悲壮人生应该都是出自两人的虚构。两人不遗余力地将地方志和《渔米课册》中的“邹祥三”引入宗

①道光《邹氏大成宗谱》卷一《南邹县市派下续修宗谱溯源序》，清道光二年（1822）刻本。

②顺治八年（1651）都昌县丈量土地之事，可参见康熙《都昌县志》卷三《赋役》。

③民国《邹氏宗谱》卷七《县市西街南邹伯一公世系》。

谱，无非是要表达一个“史实”，即自明初邹氏就享有矶池的权益。这种表达无疑又与明末清初邹氏与豪强大族争夺矶池的事件有关。双方打起官司，官司旷日持久。笔者认为，邹氏在顺治年间从官府誊抄了《渔米课册》[①]，并将《渔米课册》与宗谱联系起来，最终打赢了官司。当然，邹祥三是否真是邹氏族人的祖先并不重要，重要的是有了邹祥三“闸办矶池”的“事迹”，邹氏族人就可以享有矶池的权益。[②]

邹家咀村鸟瞰

①事实上，邹家咀村保存《渔米课册》的目的主要是打官司用。邹全水老人的伯祖父邹可荣就曾以《渔米课册》为证据打过官司。由此推断，这本《渔米课册》中每页字迹不清的官府印章，很可能是清初邹德孟等人从官府誊抄出来时由官府出具的与官府所藏正本无异的证明，以作为邹氏质证之用。

②刘志伟曾言：“没有按照士大夫的文化规范组织起来的宗族背景，是很难获得土地的合法占有权（的），除非能够通过一定的社会和文化手段为自己创造出一个宗族背景。这一规则，使里甲户籍制度与宗族制度之间得以配合起来，构成明清时期社会秩序的重要基础。”（刘志伟：《在国家与社会之间：明清广东地区里甲赋役制度与乡村社会》，北京：中国人民大学出版社，1997年，第32页）

邹家咀村的街道

大、小矶山之间的矶池

村图

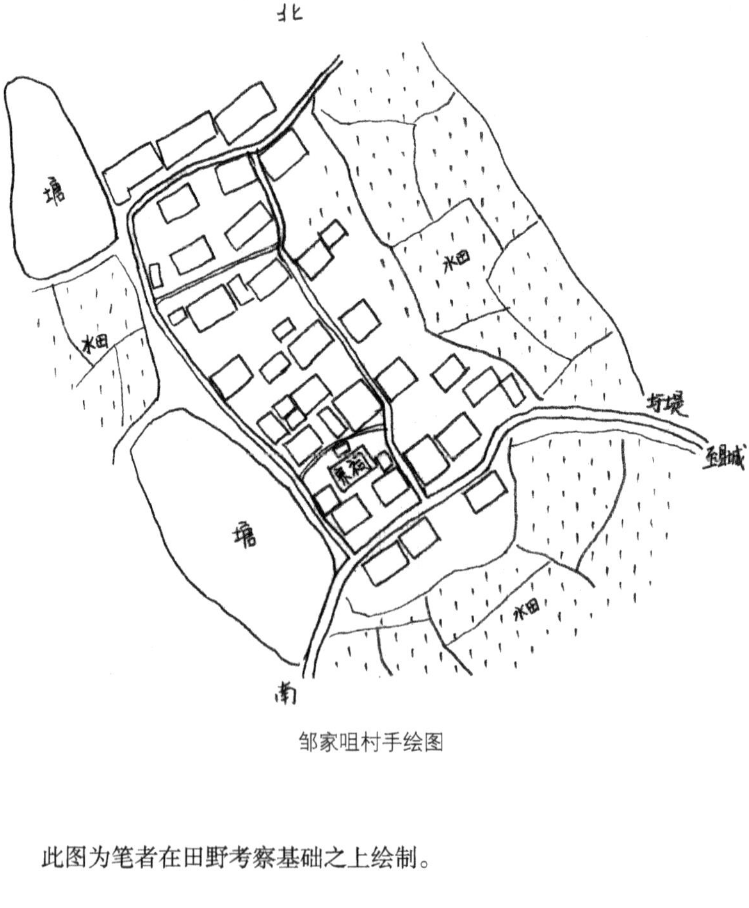

邹家咀村手绘图

此图为笔者在田野考察基础之上绘制。

建筑

邹氏宗祠位于村中心，是村里现存最古老的建筑，也是村中筹备大小事项的重要场所。

该宗祠为两进式结构，长15.1米，宽5.6米，顶高6.9米。①宗祠正门门额刻有“东鲁世家”四字。据道光《邹氏大成宗谱》记载：“按邹氏之先，乃帝喾之后。传至春秋时，宋愍公之裔正考父，食邑于邹，始其姓也。又四传孙壬，(迁)东鲁莱州，食邑于范阳，郡其名也。”②如此记述，意在彰显“名门望族”的家世。

宗祠外观

①此为笔者于2014年9月对宗祠进行简要测绘而得出的数据。
②道光《邹氏大成宗谱》卷一《吏部许公赞行所重修宗谱序》。

宗祠入口

宗祠门额

宗祠厅堂

历史人物

邹德孟是邹家咀村历史上很重要的人物。邹德孟，字大作，是邹家咀村二世祖，生于明万历四十四年（1616），卒于清康熙四年（1665）。郡庠生出身。他有帮韫、帮美、帮喻（也作帮俞）和帮藩四个儿子。[①]

万历八年（1580），湖口县都村和东畲坊两个邹姓乡村联宗修谱，发起人是都村一个叫邹存义[②]的人。当时许汝魁与喻政两名朝廷官员也受邀参与，彰显了湖口邹氏当时的影响力。这次联谱完整叙述了邹氏“祖先”定居到当地的历史过程。除了宣布“四邹”形成过程之外，邹存义还统一了“四邹”以上的世系，将荐公和德新公分别定为四十一世祖和五十一世祖，同时还制定家训规诫载入宗谱。

就在湖口地区邹氏同姓联宗之时，邹德孟所在的家族却陷入了与豪强大族争夺矶池的官司之中，参加诉讼的是邹德孟的祖父辈邹明迪、邹明週等人。这场官司旷日持久，在邹德孟的介入之下，邹氏家族最终胜诉。其间邹德孟采取了以下两项措施：

---

①后来帮喻一支断绝，帮韫、帮美、帮藩与德孟胞弟德爵之子帮附形成了今天邹家咀村四大房族。

②邹存义为九江府庠生出身，隆庆年间官至成都府通判。

第一，顺治十年（1653）邹德孟与弟弟邹德赞从湖口东畲坊一个名叫邹茂卿的人那里获取了谱牒①，从而成功地与湖口邹氏联宗，这是邹德孟提升自身家族地位的重要举措。

第二，邹德孟将方志中的邹祥三引入宗谱，建立起宗谱与《渔米课册》中作为纳课户主的邹祥三之间的联系。

邹祥三

①《南邹县市派下续修宗谱溯源序》记载：“奈何旧谱之遗废于兵火，人文之乏，莫如我代。……东宗叔祖祥甫、兄茂卿，以彼谍相询，不胜（缺文），因得而续综之。”（道光《邹氏大成宗谱》卷一）

邹德孟及其四子

民俗文化

过去，邹家咀村村民世代打鱼，因此邹家咀村有着深厚的渔民文化，而取鱼是最能代表邹家咀村渔民文化的传统习俗。取鱼的过程不仅涉及工具和方法的使用，还要靠经验依时令选择水面，在取鱼过程中还涉及人员组织、财产分配、水面承租以及水面纠纷解决机制等诸多事宜。

对于渔民而言，取鱼是一项基本职业技能，也是安身立命之本。邹全水老人说，冬季湖面干涸，鱼类汇聚湖底，因此过去有“冬捞鱼窝藏”之法，即在湖水退去的时候，在湖底挖一个两米左右深的坑，放入黄豆作为诱饵并盖上枯枝，待到隆冬时舀水即可捞取；此外还有“沉船”，即用松木制成船形物，冬季到来之前将其放置深水中并将船口朝下，到了冬季，一些喜好群居的鱼类如鲇鱼就会入船过冬，待到来年就可“挂船”取鱼了。经验老到的渔民，不仅熟悉渔港方位，对渔港水位、水下情况、鱼的种类等也了如指掌。

取鱼过程涉及人员组织和财产分配。冬季取鱼称“放湖”。邹全水老人说，过去邹家咀村村民“放湖”的主要地点是矶池。枯水期间，邹家咀村村民的渔船都停泊在矶池中心水域，并须安排两三人常住船上防盗，称“相池”。取鱼前夜，村民们都要半夜起床做饭吃，才能确保天亮时赶到15里外的矶池水面。开始取鱼称“开池”，参加者是邹家咀村10岁以上男丁（名为

“红丁”）。取鱼过程中，两人一组共驾一小船。所取之鱼，并非各自带回家，而是统一运回村里等待商户收购，卖钱按每户参与“红丁”之数均分。

取鱼还涉及水面承租。邹家咀村村民除到自家渔港取鱼，往往还要租用他人渔港取鱼，这就涉及渔港出租事宜。邹家咀村西北有处名叫“十埠水”的渔港，过去由附近六个乡族控制，各个乡族以“多少埠水”（亦俗称“多少条扁担”）来表示各自在渔港所享有的股份，并推举首士议定对外承租事宜。1949年，村民邹时德等人就承租过这个渔港，程序是：请十埠水的首士们吃顿酒，商议租金；商定之后，由十埠水股东代表向邹时德颁发“放票”，上面规定了取鱼期（40天）、租金（200斤鱼），此外还附有一条约定俗成的规矩：售鱼分红是十埠水股东的专利，邹时德在取鱼期内只可自取而不可“带卖”，因而邹时德领取的放票上明确规定了鱼价，以防止其私行售鱼。

此外，渔民在取鱼过程中，常因网、钩作业差异引发纠纷，渔民们也制定了“先到先捕，后到后捕”“小网让大网”“副业让主业”的议事规则。

文献

本章收录文献分为宗谱、渔民文书、档案文书三类。

一、宗谱

本节所刊十五篇谱序、一篇宗谱凡例、两篇家训和一篇祠堂记，出自邹家咀村现存的一本谱头。谱头所刊十五篇谱序，撰文时间上迄正德十五年（1520），下至康熙五十八年（1719）。谱序按录入宗谱的时间顺序排列，个别标题有改动。

东邹继修宗谱序（一）①

余尝读“人生无根蒂，飘如陌上尘”，未尝不废书而叹也。然斯语岂虚语哉！盖人根蒂何？祖宗是也。余居东畲之所，自东而南，自南而北，皆鄱阳之地，但西去延袤，而抵皂湖所属。余尝承祖父之教，吾家剑山祖居，乃万世文献之家也。自太高祖淑于洪武建元之初，由斛垅迁至于此，筑室置产所居，后颇蕃盛。今得安处自如，皆祖宗余庆所臻，常惕在念。夫祖宗自继而下曾而高，则知之矣。继祖以上，太而远，莫知其详，可不溯源演派而知其所本哉！己卯春，正思间，适有三人偶至，

①序号为笔者所加，下同。

魁然其形，余礼迎之。坐而问焉：“名瑚者，莫非君也？”余曰：“唯余。”起而请，问之：“吾等祖居，为重修宗谱而至。”余则不胜欣跃，遂问所自，逐一将文甫公所来历而指示之，云莲花寺东建三桥之因由，并三塘之来历。余始知祖宗有进士公、学士公、御史公，继科第者历历不可胜数，诚为湖口第一之名家也。于是市笺请宗叔祖世用公，辑而录谱一课，以遗后之子孙，永为珍宝之藏。家有根蒂，岂如向所谓陌上尘之谓哉？是为序。

大明正德庚辰，东邹裔孙瑚、璞同顿首拜谱序。

南邹继修谱序

尝谓国以史记，家以谱传，其揆一也。盖善国者，可以永命；善保家者，可以宜族。必修先王之道，而兴谱学之教，统大宗之图，则百世悠久矣。是以先王法以正之，亲其所亲；仁以广之，尊其所尊。又必旁治缌麻以及疏属，然后家有定范，世有定守，皆知敦其义、厚其俗。贫贱恤焉，有无通焉，生者庆而死者吊，则天下犹一家，九族犹一人，而家焉有不义者乎？谱法之有裨于世教也。如此岂非睦族之权舆哉！予稽吾宗，于宋有天福公所纂旧谱，谓族出自五帝三代而来，汉唐文献，班班可考。及景龙公中兴之世，极其盛矣。所以推广其仁，雍睦家道，富且贵矣。若吾南邹之派，自鼻祖于南渡前，由都村卜汇水之土塘，今几四百余年矣。盖托先人，宦辙流芳，效灵山水，才人于是亦英迈矣。迨入国朝，圣治隆兴，门族相望。唐宋之际，于斯为盛，又世德之所钟也。况此族姓蕃庶，曰江、曰浙，暨乎崇仁、郯平、南昌、荐江、驾山、宜黄、吉安、永丰、瑞州、建昌、丰城、黄州，以及临江、早市、新淦、浃下、抚州、金溪、乐平、彭泽、九江、德安、瑞昌、星子、浮梁、鄱阳、新建、柘湖等处，猗欤盛哉！迁创遐迩，食禄亿万，以故谱牒支系蔓延，简帙重大，难以概举。赖有通族参考，今古一致，信乎无二本矣！然而瞻仰祖德，光辉盛大，诚有以感鬼神而照万世矣，又岂后世欺世盗名之谓乎？是故汤德至矣，恩及禽兽；宋襄之仁，（仪）型百辟。与夫春回黍谷，曳裾王门；南阳人杰，少陵户牖。夫然事实盖足稽者，龙也起敬起孝，载倡载和，谨具序次如左[①]，乃别文博为南邹，文美为北邹，万派一源，俾可考矣。盖谓源深者波扬，本固者末茂。吾族仁义之性，根于人心，贯彻古今。其宦迁旅寓，散处四方，衣冠邂逅，一宗之义气宛然犹在。良由宗泽之灵，欲有以广扬仁义之休风，而表千载继述之功用也。虽然，吾族之谱，会诸贤兹续而益明；予之心，遇诸贤兹修而益大。姓氏以人物而荣，于兹验矣。为吾族氏之后，尚当最云。

时皇明嘉靖癸巳之秋，南邹派下裔孙元龙谨序。

明北邹宗谱溯源序

夫观水有术，必观其澜；日月有明，容光必照焉。大哉言矣！以源深则波扬，高明则万里，尽皆以其有本也。圣贤之言，岂欺我哉！是故，世之族氏蕃衍，支派浩大，实由祖宗善根深固，而孙枝奕叶矣。此吾邹氏之谱谍所由而作也。吾宗邹氏，起自五帝，盛于三代，暨殷后受封，于宋有所传受。降及秦汉之世，食采范阳，公侯衮衮。唐宋以来，贤才间出，千古一日，山川之灵也。至我明，文运中兴，富连阡陌，位都公卿不下先世。奈谱谍遥遥，久不通修。兹以北邹族望讳柯者，偕侄辈诸君子有见于此，遂往告宗亲诸父，稽首家庙，请旧谱而新之，其贻后之志尚矣。始知吾宗北邹先世，出自北房文美公。元祐四年，自湖口都村携家，实为百世不迁之始祖也。若夫肇基祖迹，得山林之胜，效灵百世，螽斯蛰蛰。至嘉定间，有讳翌者首出当世，益振书香，其笔宣造化，香散红尘，则于宣庆岁饿，慨然发廪数万，赈济斯民；又于大宋乾道庚寅，施钱百缗，修

①原文系竖排，故有此表达方式，下同。

理重庆寺院，至今寺志现存。故其好施之心，老而不倦，奉有司以殷实，闻赠义官冠带，昭大宋之盛也。盖其食禄千百，簪笏蝉联。若丙一公讳亮者，中大元至治辛酉进士，官迁至都御史兼翰林修撰、龙图学士，则声闻朝野，泽被后裔，有自来矣。迨所传十至于百世禄，家儒殆不可以枚举，实有以与于斯文也。曰若晚稻垅之别墅，又大父仕琏公以成化乙酉岁之所创也。公生逢至治，潜德弗耀，惟以耕学，聿新家政，上光祖考，下裕后昆，又世德之所钟也。及府君淮公之手，门祚中兴，故能散金遗绢，以惠溥宗族，汲汲焉惟恐不足。嘉靖戊子，再启大塘别业，则春生义廪，获积九年，扁曰“义庄”。其世家睦族之心又何如哉！嘉靖己丑岁，继志再施钱缗，复修重兴寺院，凡其贻厥孙谋者，百世不朽矣。夫以举世，父考之辈，继继绳绳，功业文章，有足观者。故凡登云路而仕者功铭彝鼎，乐育圣化者教被弦歌，膺朝命而拜寿民者春醉仙桃，广教思于家塾者仁风满座。或放情畦苑而乐耕者，粟陈贯朽；或吞吐风月而炼丹者，缥缈仙风。出处虽殊，无适不然。凡其堂开吏散，晦迹烟霞，乐天知命，则皆彬彬儒雅，卓冠士林，将见义庄化为墨庄，天下和平矣。然则吾宗邹氏，悠久世德，光辉盛大，实足以感鬼神而照万世矣，又岂他富贵夸耀于一时者之足比哉！若祯祥行数，则又皆巍然琼林玉树秀于庭阶之下者，不啻九苞凤一麟角，又可历历而例指乎？诸君子不以某之不文，走书期记，期年告成，则并举家范，贻示子姓，俾皆有所持循而敬守焉。殆必宗风丕振，家教大行，庶几有补风化之万一。呜呼！天之所生，地之所养，惟人为大。人之所以为人者，以其有仁义也。是故先王之教，行之于一家，一家而仁义矣；行之于一族，一族而仁义矣；行之天下，天下而仁义矣。家族者，天下之积也。吾族子姓，苟能行之于乡族，则他日行之于天下者，又可自此而始也！《诗》曰：“无念尔祖，聿修厥德”，则烈祖之休风抑又何复于今日？于是乎序。

时皇明嘉靖甲午之春三月吉旦，南邹派下裔孙元龙拜书于北邹苦藤山庄。

东邹继修宗谱序（二）

龙飞九五之初，实一元文明之会。而我一宗之谱，本支百世经纬，传绍简帙，焕然一新。天运人谋，若相符契焉。事之成也，岂偶然哉？九原有灵，幽赞默启，苗裔翕然兴起。凡我同姓，莫不拭目于木本水源之帙，而油油然孝友之情咸可以深长思矣。其视前日之相逢而不相识、相识而不相为礼者，又何如也耶？虽然，国之重典，言有史也；国之重典，言有谱也。史聿贵直，匪直，而人不信；谱笔贵公，匪公，而人不服。故古人有言曰：“善谱者，富贵无援，贫贱莫弃，所以示公道也。”我宗之众，宁无躐取声华，厚蒙庥庇，而享有富贵者乎？宁无奔走衣食，运当厄塞，而偶值贫贱者乎？是则居身有饶乏，遭时有亨屯，消息有盈虚，皆外物也。其于祖先之垂统，子姓之承绪，固未尝视此为加损矣。而谱之系也，奚有于此哉！绣析瓜分，其派不容紊；前作后述，其流不容歧。墨无舛迹，文无杂痕，皆所以存公义，绝妄附也，岂智谋权术者所能假借粉饰于其间哉？是故义之所不屑，礼之所不敢，以折笔之公也；义以别嫌疑，礼以尊纪法，固作谱之正教也。敢并序之，以劝有识之士，慎毋以外物消长自诿，而轻视其先、薄处其后也。不识高明以为何如？是为序。

时大明隆庆元年岁次丁卯孟秋月吉旦，东邹裔孙然斋直道顿首谨序。

西邹续修宗谱序

仪世系启自帝喾，后代更于春秋宋慭公，乃著姓曰邹。先世结绥垂缨，龙商豹隐，雾敛云蒸，以清白驰声闾里者，代不少人。若分居名邦巨境，星罗霞灿，每弗寓止。观其初叙于祖之天福公，明鉴公以迨，临之贤绅黄公阳者亦云其悉，无容赘编矣。缘历世弥久，绪衍无靳。诵祖公而扬宗德，缉先志而派厥支流，是谱之修也，岂容以或懈耶？故今叔祖东武永澜公，肇举敦本之念，而湖都两邑族属，自东自西，自南自北，翕然响从，殆犹七十子之服孔子也。秉笔稽考，以全四邹之系，则有都南邹邑庠讳儒者；协修赞襄，以集四邹之名，则有湖东邹半明公与儒同讳者；戮力贻谋，不惜己资，忧勤惕励，亟欲成美，则有族望隐逸如奎聚东井之诸贤者。筹及斯义，聿观厥成，遂于大明隆庆之元，是我圣皇御极之始。仪方越棘寄家，乃集诸族，庶用贲是举。凡夙之未登兹谍者，遵所受而循列于次，俾后世无遗忘之慨焉。呜呼！源远未分，由来有渐。且建谱于宋之嘉祐丙申，继修于元之至正甲申，中之更元易纪，盖亦有年。而子孙绳绳，无何可据，不有斯谱，裔将安识？仪也虽惧，能率祖训，以扬垂世之休。然幸我族众，佥皆勉修，渊源诗礼，奋翮青霄，以祈无殒于厥问，则我祖文光武烈相为后先而于是举也。谓非彰美盛传之意乎！故《诗》曰：竣（骏）惠我文王，曾孙笃之。为嗣者，尚无忘于本源之思。

时大明隆庆元年仲冬月望日，西邹九江府庠后由选元任四川成都府通判舜庭存仪拜撰。

佚名

（前略）仆尝谓人之有生，必有所始，犹水之有源、木之有本也。源远则流长，本固则末茂。族之蕃衍盛大，皆祖宗善根之所积也。邹氏之族，旧固有谱，中因兵火，不知所存。幼侍父兄，得之耳闻，始于隆兴，鼻祖宦游，后自湖口徙居都昌新城村之荷塘。枝分派别，散处村郭，庐聚族处，可谓长且远而盛且大矣。但继世若子若孙，昧源流之所自出，至于尊卑失序，昭穆紊乱，岂不有伤风教？然鼻祖以上不得尽知，姑即所闻者定为一谱，则子子孙孙继继绳绳传之百世，至于千万世而无穷，则仆之愿也。又安知无兴吾宗而增光祖考者乎？又仆之深愿也。于是乎书。

大明隆庆二年戊辰岁仲春吉旦，南邹后裔庠生儒谨撰。

西族存义重修宗谱序

义之鼻祖，自帝喾以来，其源流绵亘，世泽长洪。与夫圭组蝉联，诸凡未艾之景耀，有不容以殚述者。借我先祖天福公序之于大宋嘉祐丙申岁矣；明鉴公序之于大元至正甲申岁矣；世用公序之于大明正德庚辰岁矣；西邹东武公并南邹讳儒者、东邹半明公序之于大明隆庆丙寅岁矣。逖溯根宗，可谓详且尽焉，乌容再赘？且其中遗文褒嘉，修词赞美，临川黄公、闽省喻公、吾邑许公，不班班可考哉？第世道弥远，子姓弥蕃，倘不为之，萃散合离，何由以绳祖武而昭来许耶？是谱之修也，岂容以一息缓乎？余计所修之谱，自丙寅岁迄今六十余载，较之三十年一修者，不大相径庭哉？□[1]谱谍之传，蕲于悠久。吾族之谱，虽经四修，尚籍手录，未属匠梓，则彼此参差，难称实录。兹余偕男正名，遍谒诸族，各立豪杰，互相详察。凡妄附者削之，见遗者收之，万殊归于一本。捐资请匠，刊成一谍，如月照万潭，处处皆圆也。讵不名为信谱哉？吁！斯谱之修也，继前人之志，述前人之事，精神疲于间关，心思竭于寤寐。凡我子姓，将已上先贤格语并余条例、家训，勿视为纸上陈言，一一熟读而详味焉，则由一身而化一家，由一家而化一族，由一族而化一国天下，俾人人皆士君子之行，端由此也。孔子云：是亦为政，奚其为政。岂虚语哉！余不能润色成文，俟集大成之君子会大宗之谱于异日者，相与共成其美，实余之深幸矣。是为序。

大明万历庚申岁孟夏月榖旦，西邹派下裔孙府庠行所存义

①无法辨识之字用□表示，下同。

顿首拜谨序。

兵部喻公赞行所太和重修宗谱序

邃古之初，榛榛伾伾，世系莫知所出。自先王因生赐姓，胙土命氏，而分类别族，有自来矣。邹氏之先，其传最远。帝喾之裔曰姬，传至于殷曰子周。春秋时，宋愍公孙正考父食邑于邹，始为邹姓。世居东鲁莱州，后迁幽州范阳郡。数十传，有任洪州都督者，生子五人，俱以宦游，散处抚州、南昌、吉安、建昌、淮西、黄州等郡。而九江、湖口、南康、饶州之有邹氏者，则由祖昭任饶阳（州）刺史始也，卜居武阜、剑峰之间，号都村邹氏。宋季，有德新公者，生子四，各居故宅之四隅。宗支益盛，曰孝信、之义者，父子登鼎甲；益友者，任翰林。入国朝以来，而福荣辈则参御史台，圭组蝉联，称江南巨族。诗书继武，簪缨不绝，先世绵洪之泽，盖未艾也。第族派蕃，家乘散佚。裔孙行所、太和等邹之哲胤也，爰聚众复修宗谱，而属不佞序其端，乃作而叹曰：人之有祖，如木之有本，水之有源，时代虽邈，千载在目。孔子曰：禾生垂穗，向根不忘其本也。故剡（郯）子能言其祖，宣圣是师;籍谈不识其先，景王用诮。先德其可泯乎？余观前世有土之君及卿大夫、士所为率祖计者，靡不溯其根宗而袭其庥烈焉。龙门上继重黎，兰台远宗於兔（菟），诸如此类，不可殚述，岂非笃于其先而期世世弗替哉？挽近宗法不立，则昭穆失序，彝伦攸斁。以同气一体之亲，默然如秦越之视，又何敦宗睦族而萃涣合离也？今行所太和等之为此举也，其仁人孝子之用心也，而能乐其可兴乎？余因之重有感矣。君子之垂世作则，不能必族之昌炽，而在积德之周；不能必诒之丰沃，而在树本之固。盖古今递变，隆替何常，要令有基勿坏，可以保世滋大耳。诚笃伦以重宗盟，广恩谊以联疏逖，而又明退让、崇省约，以振其风靡，斯浸隆、浸昌、浸流、浸长之道也！而富贵福泽，即在其中矣。凡为邹氏之子姓，尚相与懋勖之。

时大明万历庚申岁孟夏月吉旦，赐进士、任南京兵部职方司郎中喻政顿首拜谨序。

吏部许公赞行所重修宗谱序

尝谓《春秋》所以寓褒贬、表善恶，宗谱所以纪远近、别亲疏，是谱与国史并传也久矣。世之贤人君子，有能识其先人之所自出，则一本之爱愈笃，必立宗法以维持之，讵肯令其湮没而无传哉？吾党邹君行所公，为予西塾久矣，且与予舍侄应轸有莫逆之交。每坐谈间，慨其宗谱历时弥远，虽经四修，未获统宗，尚属抄誊，无行锓梓，耿耿于怀。以故忘其劳瘁，遍历诸宗，三越暑寒，方始效焉。今予代与述录，予与行所公少同里闬，则其先人之所自出知之悉矣，语其源则深矣，语其流则长矣，姑以其深长之概言之。按邹氏之先，乃帝喾之后。传至春秋时，宋愍公之裔正考父，食邑于邹，始其姓也。又四传孙壬，（迁）东鲁莱州，食邑于范阳郡。其名也，厥姓厥郡，见诸《史记》，载之宗谱，诚为信今而传后者也。其后子孙分千（迁）散处，动以万计，皆祖于鼻祖都督公，生子五人，曰曦、曰晖、曰时、曰旺、曰昭之支，实同源而异派也。吾湖口、都昌、九江、德安、南康、彭泽、建昌、饶州、乐平等处之有邹氏者，由祖公昭任饶阳（州）刺史，秩满北归，行至吾境，因见山环水绕，竹苞松茂，里有仁厚之风，诚为善人之乡，遂卜莲花寺东而居之。□后子孙蕃盛，族亦昌大。迨至宋季之时，有曰德新公者，生子四人：长曰文甫，居宅之东，遂有东邹之号；次曰文博，居宅之南，遂有南邹之称；三曰文康，居宅之西，遂有西邹，后迁鸡峰之南；四曰文美，居宅之北，遂号北邹，后迁鄱阳北庙。俱簪缨鸣世，代不乏贤。继而，孝信公父子名魁黄甲，益友官任翰林。入国朝以来，福荣公御史台参，至今诗书继美，科第联芳，皆本先人积德之厚，固演庆于（无）

穷也。所谓深具（且）长者，信不诬矣。况宗谱之法，有大宗以统百世，而百世宗之；小宗以统五世，而五世宗之。叙天秩者，莫切于此；教民牧者，莫过于此。百世以俟圣人而不惑者，亦此道也。今行所公为此举也，诚仁人孝子之用心也。俾正考父迄今，祖宗之血脉蔼然而流通矣；自春秋至今，五百年之气运翕然又复还矣，则其源之深者愈深，流之长者愈长。今日之都村，宛然昔日之范阳。俾后日之视今，犹今日之视昔。是为序。

时大明万历庚申岁孟夏月吉旦，赐进士、任南京通政司左通政仰亭许汝魁顿首拜谨序。

南邹县市派下续修宗谱溯源序

窃自盘古开辟来，分为天皇、地皇、人皇，后衍为百姓，后又衍为千姓，其实总为一姓也。不知者，自五服已外失其本宗，俱作路人观。故古人深为虑之，各就一姓设为谱谍，以示后世子孙。占其奕叶，认其宗派，爱敬之心勃然而起，靡致骨肉自相戕贼也。我姓素称义族，奕奕华美，谱谍灿然，毋庸多赘。稽之荐公来自唐，督洪州。迄德新公，由湖口剑山，两邑连界，子支有东、南、西、北庄之分也，公弟有千、户、派之分也。我南邹文博公，至孝宜都迁，有分庄五都、六都、县市。定公时有宠公迁星子，（缺文）公时有高公居一都、居周溪者，各处其地。至世祖知州仲祥公，（缺文）考以上，越九代，共处不易。幼观考之昆弟，雍雍和睦。尝侧闻父叔之言，（缺文）辈之前经几代矣，纵在五服之外，亲如一胞骨肉。遇事则挺身争向相助，鸣而和之，毫未有间，其中节义孝弟者，芳声在耳。此向前人之（缺文），固可鉴也。奈何旧谱之遗废于兵火，人文之乏，莫如我代。此赞、孟等（缺文）息之而流涕也。乃者，东宗叔祖祥甫、兄茂卿，以彼谍相询，不胜（缺文），因得而续综之。千古之上宛然一日，百里之外如聚一堂。爱亲敬（缺文）义，莫不兴矣。嗟乎！贤者、不肖者，何代无之？谚云：

"里有贤人而鄙（缺文）化。"俾贤者化不贤，达者抚未达，型端而物表，根固则枝繁，栽（缺文）天自培之也。其他贤挺出，济济人文，斯称盛美。我之昆弟、后世，可不鉴之前代！至若见利忘义之流，不顾骨肉一气之亲，有小节而相戕贼者，可不愧乎先世，将何以对祖宗、广天地乎？余不惴自愚，谨识之于谱，以训我后云。

时大清顺治甲午季秋吉旦，南邹孙德赞同弟庠生德孟顿首拜识。

东邹继修宗谱序（三）

尝闻潜宰以生物者，天地也；默运以衍庆者，祖宗也。故道著于天地，德著于祖宗，信乎人之有生皆其所以本乎祖。予姓邹氏，出自帝喾。延及宋愍公裔，曰正考公，始受其氏。公生忌，忌生衍。忌公相齐，衍公相燕。嗣后数十传，贤才屡出，难以殚述。迨至唐，擢洪州都督者，曰荐。荐生子五，各居宦位。及宋季时，有曰德新公，生子四，曰甫、曰博、曰康、曰美。然甫、康之裔居湖口，博美之裔居星、都。虽彼此异地，实同一体分迁。至元时，讳孝信公，父子甲第；继而益友公荣膺学士。历明，有福荣公官至御史。是谓接武云程，簪缨继世，斯其偶然哉？皆祖宗世德之所钟也。盖吾家宗谱始修于大宋，继集元明，近而万历庚申，西邹行所公以集东西裔一谱，有南北未集。噫！凡我四枝，德新公一脉，矧地之相去，世之相违，亦足为甚远矣！斯不能不令人作继集之想矣。予因忧之，寤寐不忘，于顺治癸巳岁，偕侄烈生、茂卿遍谒东西南北诸族，不惜劳瘁，溯流穷源。凡经修录，笔法公严，是宗不捐，非宗不入。玉石不溷，泾渭自分。令各宗其宗，各祖其祖，亲疏昭然，靡有妄冒之弊。然敦本敬宗之义，无逾于斯。甚矣！宗谱不可不继葺焉，后之士君子与予同志，嗣而葺之，庶本支不朽矣。是为序。

大清顺治丁酉岁孟冬月吉旦，东邹裔孙先麒顿首拜谨序。

南邹赤石庄讳儒重修范阳四邹统同归一宗谱序

粤者邹氏始迁于东鲁莱州，继徙于南陵，（荐公）复擢洪州都督。荐公之胤，职饶州刺史者，肇基于湖口都村，越历十五世至德新公，生四子，号东、南、西、北之房，由是而四邹名焉。东居剑峰，西居武阜，土田居止，固由旧矣。惟南迁都昌五都新城村之荷塘，族姓散居，则有堑头、青旗、一都、县市、周溪、星子等处；北迁鄱阳苦藤山、后港、长垅，枝分流派，则有德安塔前、坑上、坑下等处。自文甫公号东房，文博公号南房，文康公号西房，文美公号北房，乃大宋中运之前也。迨及度宗之朝，西邹翰林学士讳益友公，诗上古心先生，有“东居剑峰西武阜，南迁汇水北鄱阳”之句。及厥孙讳明鉴者，复修宗谱。序称“孙枝各盛，分迁两县，称名四邹”，实大元至正甲申之春也。其分迁源委，悉载前谱。当朝福荣公，号南庄，任永乐十三年广东监察御史，珍藏大宋嘉祐天福公肇修宗谱。及元至正，复修二帙于汶桥。正统间，家遭回禄，序系幸存于他姓。正德己卯春，都村裔孙讳世用者，取而衍之，以继先志，欲求四邹之全，不以道途为艰，持系越境，根寻南北。之后经历各庄，约秋举行，偶值宸濠之变，缘此中止。大父万钱翁，恨为终身欠事，尝诵老泉之言：“人家三世不修谱，则同小人矣。”遗言即拳拳于此。儒承祖诲，欲冀其志之伸而少待焉。厥后，荷塘裔孙讳元龙，复举行其事。秉笔烦冗，未及核实；世数行列，不得其详，且未通辑，固难为凭矣。而五都一村之系，虽于成化年间任用非人，亦未究竟其本源，龙修未获其故帙，辄援邹浩道卿为始祖。夫浩乃晋陵人，今武进县是也。自宋哲宗乃志完所事之君，石正言乃其职也。[①]因谏立刘妃谪官，羁管新州。友人田画送之，而有勉励切责之语。自宋元祐、绍圣，迄今春秋四百八十有余。谱系世于廿之外，则历

---

①原文如此。

九百数矣。且谓浩因言谣华事，谪官南康司马，与《通鉴》所载大异。及《大明一统志》，浩墓在武进县治之北，谱载南康二十五里之阳，又与志书迥异，其不足信明矣。今查旧系，孝行乃文博公之伯子，世美其字也；孝宣乃文博公之仲子，世昌其字也。美之胤讳之纯，字尧民，厥嗣三，曰盘、曰植、曰概，五都、堑头、青旗之祖也。昌之胤讳之熙，字舜民，厥嗣三，曰定、曰实、曰宠，一都、县市、周溪、星子之祖也。此因南迁汇水之源。而北鄡阳则居苦藤山，祖文美，惟生一子，讳孝锡，字世远。胤则名之泰，字禹民，厥嗣二，昌球、昌琛。此因都村两分都昌之土，而德安一枝则又自北而迁彼也。龙任公生子二，长孝忠，嗣之屏而孙若楠也；幼孝敬，嗣之德而孙则若忠也。一祖而二子，传五世而分居之地则有七焉。西则文康公，生子一，讳孝信，号净轩，登进士而不官；长嗣之义，生若仁；幼嗣之礼，生若飞，传五世而翰林学士归云先生焉。同堂兄弟则有五，孙枝蔓延，分二十七庄，而人则几千余矣。此固剑峰、武阜之所衍，而四邹之源流清矣。及稽儒家旧谱，孝宣之孙有三，定、实、宠也。定传一都、县市西街、周溪；宠迁南康。而定之孙大德公，弟三，子名哲，行七十三，公亦继我祖而迁居南康也，此在高宗南渡前后之时也。以及宋季，辽金[①]兵燹，衍派失讳，无怪其然，但推其世数，以接明时之传。旧谱所载固有明征，大元至正甲申五月望日，临川进士黄公讳阳作序："厥祖自山东莱州至淮安狄峒，迨于宣州南陵，延及洪州、南康、德安。"今而湖口都村，代不乏贤，则南康之派、德安之分，在元时尚为迩族，一本万殊之义昭矣。儒思宗枝涣散无统，谱谍补废未明，欲告族众举行其事。适湖口宗长讳永澜，号东武，东族与儒同讳，号半明，来家集议，以果先志而全四邹之系。夫固神交默契，不约而同，遍谒诸庄，欣然合志。

①原文如此。

实千载之奇逢，岂特五百年前一家而已哉？

隆庆一年，南邹赤石庄生员讳儒有序一篇失记。今康熙五十五年，湖邑东族朝遴、天书与西族德龙重修宗谱，有赤石庄裔孙等存序稿一纸，故重录于谱。

范阳德新公派下合修大成宗谱序

尝闻苏子曰“三世不修谱，则同小人”。谱之作也，胡为而若是之重哉？盖所以重本笃亲，昭信纪实，使后世士子孙不忘所自，如观水者之必溯其源也。凡人族姓之始，欢然一父之子也。久之而亲者疏矣，又久之而疏者愈疏矣。支分派衍，迁析异域，非笔之于谱，则系序莫辨、祖考易淆，将数世而遥，茫然不知祖之所自出，并不知祖之所由分。虽一本之亲，有不相视如秦越者乎？是谱之修，修于繁衍之日诚急，而修于迁析之后愈不容缓也。我邹氏宗谱，大宋嘉祐丙申岁天福公创之于前，嗣后接踵继修者，由宋而元，由元而明，由明以至国朝，代不乏人。继志述事，可谓世有名贤，无容复赘。但经今数十余载，宗派日蕃，分迁愈众，倘不为之重修，则简编残缺，世系无由稽考，后之子若孙终难免秦越之视也，窃惧为苏子所讥矣！怙因不揣固陋，商同宗瞻林讳裕者，人极讳坚者，与泮讳先炳者，士升讳光抡者，叙我讳天秩者，与贤讳天职者，廷文、帝宣讳天书、天虎者，复续其事，载系载图，世序不紊，昭其信也；著功著德，毫无假借，纪其实也。绍前修而付枣梨，吾宗之谱庶焕然而一新矣。后之子孙，承先业而式扩之，则知其祖之所自出，并知其祖之祖所自出；知其祖之所由分，并知其祖之祖所由分。虽支分派衍，此疆彼界，而按谱以稽，森然雁序，彬彬乎仍一父子焉。譬诸黄河之水，千里九曲，穿龙门，过碛石，以达于海，其始固可同源星宿也。读斯谱者，油然而孝敬生，蔼然而礼让接，风俗厚而人心古。太和之气，蒸为休祥；昌炽之业，安在不与王槐窦桂、薛凤荀龙媲美争荣耶？是则余之所深望也夫。于是乎序。

时皇清康熙五十五年丙申岁仲春月吉旦，德新公派下裔孙怙常第同宗职、抡、坚、裕、炳、秩、书、虎公撰。

南邹五都荷塘继修宗谱序

窃闻潢（黄）河之水发于星宿，延及龙门，以底迹（碛）石，谓其源远则流长也。而我宗邹氏，亦犹是焉。兹溯其源，肇于帝喾，传于殷汤，迄于正考，绵绵延延，以逮于洪州之荐公，此江右肇基之祖也。而我祖昭公，则荐公之幼子，卜居湖口莲花寺东。传十有五世，而生德新公，生子四，长文甫，次文博，三文康，四文美，分为四邹，而有东南西北之号。东西两公尚居九江之湖口，南北两公则徙南康之都昌。其星分散处，谱牒森然，而宦迹闻人指不胜屈。吾姓之昌炽如此，讵非祖功宗德之庥庇，而所谓源远则流长者不可征哉？而谱牒之修，乌容已也？独是我宗之谱，始修于大宋之天福公，继修于大元之明鉴公，续修于大明之东武公，又接修于国朝之祥甫公，固已磷磷炳炳、班班可考矣。今复殷殷为之重修者，惧其枝日繁而世系紊，族日远而家谊疏，亦安能永奠宗风于弗替也耶？爰自丁酉岁，复有此举，次第按临，悉由旧谱。而我南邹五都荷塘为之纯公首迁之地，暨我祖峄公、鹗公昔皆赞襄兹谱、有功先世者，故湖邑诸君子不惮劳瘁，越境造庐，先至敝族，真足以表扬先德、垂裕后昆矣。虽然，犹有愿焉，夫莫为之前，虽美弗彰；莫为之后，虽盛弗著。彼王氏之槐、窦氏之桂、谢氏之芝兰玉林，岂漫焉而然哉？大都从忠厚立其基，爱敬植其本，勤俭培其根，雍穆厚其俗。而秀者横经，愚者负耒，自士农以迨工商，各安其业，各守其分，自能不坠先声而克绳祖武，则源之远者愈远，源流之长者愈长，吾愿若子若孙其共识之。谨序。

时皇清康熙五十八年岁在已亥秋菊月下浣之吉，南邹五都派下裔孙庠生讳英同族众万英、曰麒、曰发公拜撰。

南邹派下青旗箬山继修宗谱序

谱何为而作也？盖所以序昭穆、辨亲疏、纪远近，使支分派别，悉系于此。甚矣！谱之不可不重也。自宗谱废，则世系不明，源流莫辨，忘一本之亲，失同气之谊，此仁人孝子所不能无遗憾者也。我宗邹氏，肇基东鲁郡，衍范阳，徙居江右，迁析湖口，以故湖口都村邹氏独盛其间，科甲蝉联，名贤叠出，按谱可稽，无庸多赘。而我族之祖，则昉于之纯公，自湖口南迁居都邑五都荷塘之阳。传至七世丙二公，复徙七都堑头。延及福一公，绳祖武而恢前绪，睹胜地而缔贻谋。挹兹青旗之境，黄榜峙前，金鮨潆后。而溪湖川泽，清流激湍，映带左右。其西南诸山，佳卉葱郁，无不奇妙，不禁欣然羡曰："山名水秀，后世子孙必有光显其邦家者。"爰止（始）爰谋，爰契我龟；曰止曰时，筑室于兹。美哉！青旗之世守，实福一公为之始基也。夫积厚者流光，本固者枝茂。幸今螽斯蛰蛰，瓜瓞绵绵，尔昌矣，尔炽矣，尔寿矣，尔富矣，诸君子亦念及所从来乎？是以裔孙邦登等缅怀祖德，遥溯宗风，思族属之蕃衍，惧支派之日淆，欲取旧谱而新之。无何山川间隔，缩地无方，成功浩繁，点金无术。兹值湖邑族望人极与廷文、帝宣等重加修辑，契我同心，不惮倦勤，秉笔公直，以序昭穆至明也，以辨亲疏至析也，以纪远近至详也。凡支派别，而大宗小宗之义彰明较著，岂非知本之士而存仁孝之心者乎？愿吾族子姓积德累功，敦本睦族，笃恩谊而正伦理，维先志而振家声，则日新月盛，用保世以滋大也。是为序。

时皇清康熙五十八年己亥岁孟冬之吉，青旗裔孙邦登同族众撰。

范阳统宗谱凡例录

一、旧谱草创于大宋嘉祐丙申，续修于大元至正甲申，上溯得姓之始，下详分派迁徙之由，颇为详悉，不容别有所议。

正德庚辰岁，拙庵公细加参考。至嘉靖丙寅，与半明公寺互相修明。兹当大明万历庚申之春，义将诸史详考及各人传内所载悉编入，极其精审，故一一录之，以备后贤参考。

一、旧谱以正考父为一世祖，义思之，觉帝喾之下，忌公之上，衍派不清。今以忌公为一世祖，俾正考父上有所承，下有所接，又有以刺史府君为一世祖者，觉大宗之义不明。兹以府君为四十一世，德新公为五十一世，系世衍派，盖欲尊所出也。

一、旧谱登载各处支派皆本于正考，当以欧阳五世一揭之例，等而上之，自一世至五世，每五世一揭，则大宗统小宗之法昭，尽亲服穷之义著矣。由是率法循义，则三十年一修，则小宗可以嗣续已矣。

一、各支宗派散处各邑，难以稽其旧迁者，只照旧编者，悉依本房开报为定，遂为编入。

一、旧谱四修，类为一集，支派同演，固本于一源，第兹子孙散处，间不无同讳者，似难查览。今以旧迁四号分作二集，不必计其帙之厚薄，惟庶几查览。

一、传内所载行以叙齿，事以记实，生以表年，殁以知寿，葬以著地，娶以著婚，女以明配。遵旧例也。

一、出继者于本名下注云继某为后，于所继之下注某之子来继；未冠而卒者书早世，无后者书无传。遵旧例也。

一、各支有仕宦及忠孝节义、敦德澡行，各书其略于下，无则不敢虚饰也。

一、各宗历世记有官诰、公牒、传记、赠遗、墓志铭等作刻之，可以激后人，谱牒不可不载也。

一、谱与史异，载善而不载恶，为亲者讳也；或纵恣颇僻、伤伦败俗者，公削其名，能改者复之。

一、小宗派系，次第推行而去，长房派尽，紧接二房，余例仿此，毫不可以先后失序。

一、范阳家范，祖宗茔兆山向，俱载于牒。每正庆家礼毕，率卑幼拜墓，令后世无迷失之患。旧谱例也。

一、冠礼以文公家礼为法，令其知成人之道。旧谱谍也。

一、吾家自祖宗以来，读书游艺，绳绳不乏。子孙遵守遗训，务精其业，庶无愧于先人，亦足以启后裔。遵旧谱例也。

一、范阳谱牒，锓梓既成，分为二帙，每一帙列为二号，以便查考。

孝字号第一房，文甫公分下；

弟字号第二房，文博公分下；

忠字号第三房，文康公分下；

信字号第四房，文美公分下；

已上四房俱德新公后裔。（下略）

范阳西族派下裔孙坚重述劝勉规戒家训

端身范

齐治之理，皆本于身。身也者，祖宗之遗体，子孙之观型。继往开来，建功立业，皆于是乎赖之。一或不谨，贻羞实多，故当敬以持己，恕以及人，三畏儆心，四知接物，庶身端心诚，而阖族有所准则。

孝父母

百行之先，莫重于孝。虽天子，必有亲，况庶人乎？故温清（凊）有节，定省有常，问寝视膳有仪，服劳奉养有礼。而于衣衾棺椁尽其美，哀泣葬祭尽其诚。凡为人子者，无论富贵贫贱，于力之所能竭者，必当竭之。若呵父叱母、顺妻逆亲者，户尊其首，诛之勿宥。

和兄弟

兄弟者五伦之一，当上体鞠育之怀，下释枕席之口。椿萱无恙，同竭力于甘旨；兰桂盈阶，并推心而抚育。乃有幼而聚首，长而参商，天显之训，何不闻乎？独不思异古尚且缔交鲁卫，友成吴越，有是理哉？式好无尤，始不贻讥于贤豪之间。

敦族谊

家庭之间，尊而伯叔，亲而五服，皆祖宗之一体所分。尊长在前，坐必起立，步必徐行，接待必和，言语必逊。彝伦之序明，而后祖先之心慰。甚无同室操戈，以贻邻人诮。

教胤嗣

父子虽曰主恩，过慈反为姑息，必好知其恶而后可。年至七岁，择端方之师以变化其气质；逮长十五，择明贤之师以讲授其诗书。劳以成爱，俾人品端而学业成，始不愧义方之教。

训女子

女生外向，人伦大义，有家之愿，谁能无之？而闺训一有未娴，妇道自致有亏。是必训以贞静和淑，敬戒柔嘉，迨于归之日，方能尊礼翁姑，无违夫子，四德于以表著，三从于以克彰，而芳声表表于巾帼之中矣。

敬师长

古者，辟雍不乏更老之乞；今者，乡村皆有堂塾之修。开蒙养正，知理明义，悉由于此。矧一字之师，终身之父，岂可北面于前，而忤慢于后乎？凡为子弟者，于已前所从之师长，虽不及门，自宜谦谨和顺于其前，以敦隆师重道之典。

睦邻里

邻也者，比近之氏。频步往来，烟火相接，鸡犬相闻也，田壤相错也，出入相友、守望相助也。有利当为之兴，有害当为之除。排其纷，解其难，切勿以贫富强弱相形，致积怨构祸于其间。凡属乡党，务以洽比为良。

保先茔

坟墓，乃祖宗灵爽所依。有已植之树木，不可砍伐；无者，必须栽培，以壮观瞻。有碑有志者，必详载谱内；无者，亦宜立石勒文，以垂久远。寒食必亲祭扫，行葬不可侵剥。有平塌浅露者，当加土以增益之，俾子孙世祭无遗。

恤鳏寡

天地之大，人有所憾。故王政之补救，必首及于穷民之无告。本宗若有穷苦残疾，考理宜哀怜矜悯，共济困乏，毋令彼呼吁于外，有玷家声。

严闺范

丈夫立身，必当刚健中正。夫妇原有倡随之义，不得仅溺于床笫。毋令其苟且失德，甚至忤逆翁姑。如有嘉宾、族长在堂，杂叱之声，不可令闻于外。有请见者，非至亲骨肉而出帘，亦可以不必矣。

审妇言

牝鸡司晨，为家之索。每见枕畔之谮谤起，而家庭之嫌隙生。止令其司中馈勤纺绩，毋令其冶容诲淫，毋令其长舌阶厉。庶兄弟无阋墙之变，而伯叔亦多相好之怀矣。

择交友

《易》有丽泽之象，《诗》有嘤鸣之咏。端正是交，如登芝兰之堂；比匪为朋，若入鲍鱼之肆。尊贤容众，固属金兰之雅；可与否拒，尤为应求之箴。故必益友是亲，而损友是远，庶所因不失所宗。

谨婚礼

上古五世而婚姻相通；自周公定礼，虽百世而不相通，此常制也。而或时值沧桑，同宗易姓而为秦晋，此不过处变之权宜，而非经久不易之道一。既颂棻知本，饮水思源，自后当遵《周礼》，毋蹈鲁公取吴之愆。

戒赌博

成家之子，耕读为先；暴弃之流，猖狂用事。茶轩酒肆，尽作呼掷之场；腴地膏田，皆为孤注之物。前人取之尽锱铢，在后视之如泥沙。嗟乎！赌博者，盗窃之萌芽；盗窃者，赌博之流极也。子弟有此，为父兄者当力阻之，以杜致祸之渐。

慎酒德

先王制酒，原为祀典；后世旷达，多事曲蘖。不知奉亲晏宾用之以合欢，非任其纵恣。《尚书》有劼毖之文，稚诗有童羖之罚。凡百君子自当敬尔威仪，毋蹈沉酗之失。

禁拜盟

三国虽有桃园之结，嗣后谁践三贤之踪？少年为此，无异东施效颦，徒取人笑。况朝廷之所严禁者，在于结党成群。兹者一有不慎，恐罹国宪，噬脐莫追。

勿演戏

梨园之乐，虽昉于唐，优人之名，见轻于世。或戏彩寿亲，借此以承欢则可耳，若以为风流上艺则误焉。且音出一乡，难同白雪阳春之调；情传五夜，岂属端人正士之为？凡为人者，宜以耕读为先务，甚勿游荡于邪趋。

毋赘孀

妇女原无一定之性，家声宜传清白之风。倘有夫丧而孀居者，或家贫，或年艾，或以子幼，难免二天，当令其改醮下堂，毋许以异姓入室，小而荡费家资，大而忤伤风化。凡属巨族，每为慎之。

警游惰

勤俭黄金种子，经书丹桂根苗。大禹圣人且寸阴之是惜，今以中材而涉末流，何可令居诸易迈乎？思邦本之所在，莫如务农；思人品之最上，莫若读书。务要分阴之是惜，勿与日月以蹉跎，自可富连阡陌，贵登廊庙，而光前裕后矣。

右计训词数条，乃先大人谆谆示吾辈兄弟子侄者，然未知出于谁氏之手。观其词严义正，有补风化，可振家声，较之旧谱家训，颇觉雅韵。登之谱内，愿吾姓诸宗哲其共勉之。先君讳光国，字欲治。

康熙五十八年岁在己亥秋菊月吉旦，西族坚人极谨录于都邑南族谱堂。

西族存义家训

（前略）

明五伦

一、五伦，人道之大者，不可不知。君臣贵乎有义。为君者忠信重禄以养，为臣者当竭忠效职以报君，如孔明之事昭烈，称鱼水君臣，斯谓之有义矣。父子贵乎有亲，养育之恩，等于天地。为父母者必须慈爱其子，为子者必当竭力尽孝以事父母，斯谓之有亲矣。夫妇贵乎有别，所当远嫌。古人执雁，盖取其终身节义不乱。夫妇者，当相敬如宾，不相亵也，斯谓之有别矣。长幼贵乎有序。凡于长者之前侍立，应酬之间，必当谦敬。《王制》曰：父齿随行，兄齿雁行。不相僭逾，斯谓之有序矣。朋友贵乎有信。立谈必贯金石，必要不忘平生之言，相保相恤，斯谓之有信矣。

正名分

一、宗族原系一体，本当和睦。尊卑自有名分，所在于礼，必不可干犯也。有等强梁子弟，每侍（恃）血气，或因放浪忿狼，或有倚酒撒泼者，动辄欧骂尊长，横恶恣甚，莫敢御之，似此礼法坯乱极矣。除已往不咎，自后合族子孙当恪遵家训，共守礼法，毋犯前愆。如有仍前怙恶不俊（悛）者，轻则治以家法，乃微示其罪，听其改过；重则送官如律，以戒凶暴。其五服虽尽，而尊卑名分犹存，亦不可以疏远，故犯罪亦如之。

一、兄弟乃分形连气之人，为人伦之重者，不可不笃。世人多不知兄弟之爱。方其幼也，父母左提右挈，前襟后裾，食则同案，学则连业，游则同方，虽悖乱之人不敢不相爱也。及其壮也，各妻其妻，各子其子，虽有笃厚之人不少衰也。噫！人家兄弟有不义者，皆因异姓成家，偏爱私藏，以致背戾，遂使分门隔户，患若寇仇，似此不可不慎也。凡我族人兄弟者，当体父母之心。所难得者，兄弟如手与足，缺之不可续。务宜亲厚，兄友弟恭。《诗》云：“兄及弟矣，式相好矣，无相尤矣。”

盖各尽其礼而已。

立教养

一、教养，国家之首务。凡我宗人有子弟者，务在择师友极力教养，达则致用于朝廷，不达亦可明理于身心。人生内有贤父兄，外有严师友，未有不成者矣。

一、冠所以重元首，婚所以正夫妇，丧所以慎终，祭所以追远，有家礼存焉。凡我子孙，熟记而遵行之，庶不负礼义之家矣。

输国税

一、租税乃国家重务，迟速必不可免者。吾族子孙，务宜早办完纳，毋得延挨，自取罪辱，此亦处（畎）亩之忠也。

守法度

一、法度。朝廷制度森严，信乎如炉，势不可犯。犯之，则身无所主，小则破家，大则丧身，可不畏哉？吾族子孙，务宜谨守，甚勿轻为。倘犯之，则父母、兄弟、妻子莫能顾也，戒之慎之。

存天理

一、凡子不肖不廉，遭灭门横祸者，良由祖宗素不积德，利已损人，灭天害理之所致也。吾族子孙，虽（务）宜心存天理，志见忠良，甚勿阴恶阳善，昧已瞒心，暗害他人，以种子孙之祸。

扬善

一、尚义疏财者，乃有关于风化敦厚之俗也。在朝廷，亦命有司旌奖，以优礼待之。吾族子孙，有尚义出银济众至五两以上者，元日除应得席外，特加半席；出至十两以上者，又特加一席，以彰其善。外置扬善簿一本，付尊长处。凡子孙有能周人之急，扶人之危，果有实迹，许尊长同族人纪其事实；至五次者，元旦除应得席外，特加半席；至十次者，特加一席，以旌其善。其尊长、族人不得嫉妒而泯其善。

奖贤能

一、凡子弟读书游泮登科甲者，此有光于门第，宜加优奖。元日，除应得席外，加一席，以励其贤。有德寿应冠带者，乃系朝廷恩典，亦当优奖，除应得席外，特加一席，以彰其盛。

励节行

一、族中有孝子顺孙、义夫节妇，礼当表扬。如果实行，许尊长同子孙在学者呈闻本县，奏请竖坊旌奖，毋泯其迹。

惩恶

一、本族众众人繁，贤否不一。有等不肖子孙游手好闲，不务生理，结党成群，饮酒赌博，夜聚晓散，致使衣食不给，遂起盗心。始则窃人柴蔬、禾稻等物，因循日久时，渐渍无忌，遂为强盗，破家杀身，固不足惜，其累及本族，贻辱先人，莫大之祸也。如此者，族人当共诛之。凡窃盗本族及外人之物，或访出，或捉获，当禀尊长及合族人等，于祠堂上量所窃之物大小，拟罪轻重。如柴秆、蔬菜之类，重责二十板；如禾稻、鱼、树之类，重责四十板，仍追原物给主；如强盗及偷牛马者，或访出或捉获，不论轻重，当禀尊长，同合族人等绑拿赴山，实时埋死。公众立约五纸，记其赃证，一与尊长，一与四大房，以防后患。其不愿自死者，并前不服责者，许尊长同族人据情送官如律。其奴仆犯者，罪亦如之。外置惩恶簿一本，付尊长处，凡子孙有犯前恶者，许尊长、族人直书其名，纪其恶迹；至五次者，尊长同族人执此经官重治，以殄其恶。尊长族人亦当秉公，不当怀挟私仇。其巨者，不在此限。

戒争斗

一、争斗乃不仁之事。孟子云：好勇斗狠，以危父母，亦不孝也。今后，吾族子孙务遵家训，各宜含忍。谚云："忍得一时之气，解得百日之忧。"此之谓也。旦（但）果有不可忍之事，许禀尊长分辨是非。若尊长不能分辨其曲直，方许陈告。如有强梁子孙恃恶，不先禀明尊长，竟自告官者，乃系骨肉相戕，许尊长执此经官，以违犯教令论，然后分剖曲直，仍责原告。

积阴德

一、阴德。司马温公有言：积书以遗子孙，子孙未必能读；积金以遗子孙，子孙未必能守。不如积阴德于冥冥之中，以为子孙长久之计。斯言信不诬也。我族人务须众行方便，广积阴功，勿坏心田，以种子孙祸苗。历观从来凡人家子孙繁衍富贵绵绵者，未有不由祖宗积德而致也。今不能悉，其有《为善阴骘》之书可鉴之。

勤俭

一、勤俭为治家之本，斯言信矣。夫人一勤则天下无难事，其功名富贵无不自勤中来也；一俭则胜于求人，其布帛菽粟未尝不是俭中事也。为士者，勤则事业成；为农者，勤则衣食足；为工者，勤则艺业精；为商者，勤则财利富。男子各务生理，勤乎外；女子各务纺绩，勤乎内。如此，未有不成家者也。其懒惰奢侈，不破荡家者，未之信也。

保守

一、祭田系合族公举，乃子孙相承之业，法不敢废。如有不肖子孙或因事告争，轻易将祭田盗卖者，许尊长同族人送官，以不孝论，并赎还原田。

一、坟山乃祖宗坟寝，此根本之所系，责任匪轻，子孙宜当保守。督令每遇祭扫之日，务加培整，不致被人侵坏。如有不肖子孙盗卖坟山者，许尊长同族人送官，以不孝论，并赎还原山。

一、后龙山乃来龙发脉之所，此族人生灵所系，尤当丰蓄。吾族子孙务宜严禁，毋得伤损。如有盗砍树木者，重责三十板，仍听罚。

一、祠堂乃祖宗神主在内，门墙为族人防卫之设，二者所系不小。凡有损坏，许即禀尊长，责令族人动众银修补，毋致倒坏。

宴会

一、宗族子孙繁衍，究其本源，皆由一人之身，气脉相为流贯。故四时每遇佳节，礼宜联洽。故族虽散处，随处行之。故古人敦睦九族，燕享同姓，宗庙而行旅酬之礼，祭毕而有燕毛之序，亦此意也。

东邹裔孙德虎重述谨拜。

北邹祠堂记

夫吾鄡阳之为邑也，山水之奇，风土之沃，根盘百里许，三江环其左，五老峙其右，故水光山色交映，后先其胜也，甲一东南有矣。邑治北又三十里许，龙岗迢迢，自艮位乾，如牛金在匣，天马出池，星辰烈烈，畐象太极又为鄡阳之最胜，乃吾族北邹世居之所在焉。元祐四年，有始祖文美公，自湖口都村而迁。立祠祀祖，不忘本也。嘉靖戊子，有甫君邹淮氏，以旧祠之隘，而协模重建于大塘山之阳，其志尚矣。夫以谱族立庙，尊所出也。族有大小，庙有降杀，维持人心，匡翼世道，乃古者先王之法也。粤及后世，教化陵夷，人心陷溺，不三四传，冥不知其所出。人为家乡自为俗，情同胡越，视若途人，殆有甚焉！岂以人性远于古哉？教之非其道耳。君子于此，岂恻然率礼启义，制为定规也必也。自今以后，昭穆相叙，庆吊相交，咸礼合诚，蔼若阳春，然后为节义之门。是故，朔望则参，冠婚则告，明谱读约，一于是焉。然后过则惩，善则书，而无间然矣。所谓维持人心，使知千万人之身，其初一人之身也。先王宗化导民之意，其亦庶几乎于万一矣。世之富贵利达，乐余其身，留遗其子孙，而族之人不得其门而入，何惑之甚也。噫！祀礼宗法，皆先王成化天下人心之具也，非士所得为也。吾宗后世子孙，尚能缵承前人之绪，以畐其实，乃克有终，况可徒恃山水之壮而已哉！故记。

东族裔孙天书、朝遴同西族德龙重述。

二、渔民文书

渔米课册

南康府都昌县为改造河泊所课（缺文）弊事。嘉靖贰拾壹年肆月拾柒日，承奉本府帖文，案照先奉江西等处承宣布政使司札付：据本府申前事备，将本县官吏查照先今事理，即将原发吕乾通名下，追出伊兄吕乾浩原造该县课册草底到官，从公查对，速照原行旧额改编，将课米、人户逐一清查，照旧课米，多者为头户，少者编为贴户，通行造册解府，覆查转报。其吕乾浩名下纸价银贰钱、赎罪米价银叁两（缺文）完，一并解报等因。奉此遵行间，本年六月初二日，抄蒙九江府信牌，案照先蒙江西等处提刑按察司分巡九江道佥事缪钧牌，蒙巡按江西监察御史沈批：该本道呈据（缺文）仰府速追吕乾浩纸价银壹钱、罪银肆（缺文）七个月之上，无从办纳，告称贫难，乞与改（缺文）差整饬九江、安庆等处兵备带（缺文）乾浩，准暂保，营办完日，枷号押（缺文）壹钱，督并营办完足，仍押回（缺文）本府先问前罪，加拟罪银肆两、纸（缺文）允准令暂保营办等语。本年十一月内（缺文）钦差刑部浙江司署郎中蒲，临县审录（缺文）后随蒙案开：吕乾浩既经半年之上，难覆（缺文）发落。十二月初十日，又蒙九江府信牌，抄（缺文）江西等处提刑按察司分巡九江道佥事郑钧牌，蒙巡按江西鉴（监）察御史李批：该本道呈为乞办害民掇陷事。蒙批（缺文）完，给主赃银，免追纸米，的决枷号一个月，满放发落。蒙此，备行九江府（缺文）县，即将原发吕乾浩的决八十，仍枷号一月，满日发落，具由申府，以凭转报。蒙此，审据吕乾浩执称先蒙九江府追完赃银壹钱，已给方亨三收领，取领缴报讫。遵将本犯的决八十，枷号一月满放，具由申报讫。追出吕乾浩原造课册草底，逐一查照旧（缺文），将课米、人户多者为头户，少者为贴，合行造册，缴报施行，须至册者。

县市壹处

库甲：

一户邹祥叁，市贰啚人，原额闸办矶池壹所，上至龙王庙，西南至大矶山及腹内湾汊潭，下至石榴觜，共课米叁拾柒石；又并邹祥叁大网罾课米陆石肆斗；嘉靖元年加安义县玖姓渔户课米壹石贰斗。共该课米肆拾（缺文）柒斗。

贴户：

一户姜关孙，在市人，原额挑贩课米壹石贰斗，（缺文）姜真孙（缺文）。

一户应受，户丁应玉，在市人，原额挑贩（缺文）。

（缺文），在市人，原额挑贩课米壹（缺文）。

一户刘玉壹，在市人，原额挑贩课米（缺文）。

库甲：

一户伍成伍，在市人，原额闸办（缺文）。

贴户：

一户侯仕成，新城乡肆都人，原额（缺文）。

一户罗教化，肆拾陆柒都[1]人，原顶绝户（缺文）。

一户高添肆，户丁高銮，肆拾陆柒都（缺文）。

一户陈成祖，肆拾陆柒都人，原额密网（缺文）。

一户李仁叁，肆拾陆柒都人，原额密网课米（缺文）。

一户刘福叁，即石本恭，在市人，原额挑贩课米壹石贰斗。

一户张兴、邬春、席虎、汤成、陈允安、杨瓒、秦孟达、詹贤、郑宜、张兰，俱肆拾陆柒都人，刘杰即刘璨，贰拾陆都人，常（缺文）市人，成化贰拾叁年共顶承绝户柳善伍大网课米壹拾贰石捌斗。

一户秦仁，今供户丁秦胜显，肆拾陆柒都（人），原额爬

①这是由肆拾陆都与肆拾柒都合并而成的新都名，下文还有类似情况。

网课米壹石。

一户吴彦高，（缺文）人，原额船户课米壹石。

一户王檀关，市壹啚人，原额船户课米伍斗。

一户秦未儿，即高未儿，肆拾陆柒都人，原顶绝户高游课米壹石。

一户雷胜叁，（缺文）壹啚人，原额挑贩课米壹石贰斗。

一户贺远肆，肆拾陆柒都人，原爬网课米壹石，佥胡魁共承。

一户刘细川，壹都人，原额船户课米壹石。

一户余时达，拾伍都人，原额棚罾课米玖斗。

一户但真壹，市叁啚人，原额挑贩课米壹石贰斗。

一户王宣，市肆啚人，原额船户课米壹石壹斗。

一户石玉珊，市伍啚人，原顶绝户刘云陆课米壹石贰斗。

一户赵辰保，市贰啚人，原额船户课米壹石（缺文）。

一户段连奎，市叁啚人，户丁段日友，原顶（缺文）。

一户王琛，市伍啚人，原顶绝户游义（缺文）。

一户鲍云，市肆啚人，户丁鲍崇玖（缺文）。

一户叶庆，壹都人，原额鱼（缺文）课（缺文）。

一户王兴祖，市贰啚人，原（缺文）。

一户游寅受，市叁啚人，原额（缺文）。

库甲：

一户詹禧，叁拾壹都人，在市住，宣德（缺文）。

贴户：

一户陈良干，市贰啚人，原额船户课（缺文）。

一户胡丙子，市肆啚人，原额船户课米壹石（缺文）。

一户高关保，肆拾陆柒都人，原额大网课米壹拾贰石肆斗。

一户陈福肆，市贰啚人，原额挑贩课米壹石贰斗。

一户詹成，市贰啚人，原额挑贩课米壹石贰斗。

一户柳祥叁，市壹啚（人），原额挑贩课米壹石贰斗。

一户段真子，市壹啚人，原额挑贩课米壹石贰斗。

一户向俊，在市人，原额课米玖斗壹升肆合叁勺。

一户许学敬，在市人，原顶绝户柳长得课米壹石柒升。

一户陶奴子，户丁陶叁保，在市人，原额挑贩课米壹石贰斗。

一户杨拾捌，壹都人，正统贰年顶绝户吴乞童大网课米玖斗壹升肆合。

一户周礼，即周琛，肆拾陆柒都人，原额课米壹石。

一户朱洪，贰都人，见住黄金觜，原额课米玖斗壹升肆合叁勺。

一户刘演，市叁啚人，原额课米贰石。

一户秦真，肆拾伍捌都人，原额密网课米壹石叁斗叁升叁合。

一户柳立玖，市贰啚人，原额大网课米陆石肆斗。

一户陈贵，市壹啚人，原额挑贩课米壹石贰斗。

一户秦善，肆拾伍捌都人，原额密网课米壹石叁斗叁升。

一户张仕真，叁都叁啚人，原额棚罾课（缺文）。

一户杨恭，拾都人，承挑贩课米陆斗（缺文）。

一户刘乞儿，户丁刘凯，分承老户挑贩课米叁斗。

库甲：

（缺文）常，市壹（缺文）但家堰壹所，课米贰石（缺文）石捌斗，系原（缺文）库甲。

贴户：

一户周春，市贰啚人，原额挑贩课米壹（缺文）。

一户邵庆贰，在市人，原额挑贩课米壹（缺文）。

一户黄受壹，市壹啚人，原额手罾课米壹石捌斗。

一户秦仲恭，肆拾伍捌都人，原顶绝户伍成捌课米玖斗壹升肆合。

一户朱彦琥，肆拾伍捌都人，原顶绝户伍成捌课米玖斗壹升肆合。

一户秦云，肆拾伍捌都人，原顶绝户詹玉课米玖斗壹升肆合。

一户刘完，叁拾都人，原顶绝户詹玉壹课米玖斗壹升肆合。

一户李玉陆，叁拾伍都人，原顶绝户詹玉壹课米玖斗壹升肆合。

一户孙存，贰都人，赤石住，原顶绝户詹玉壹课米玖斗壹升肆合。

一户利通，赤石住，顶绝户詹玉壹课米玖斗。

一户高暹，市伍啚人，原顶绝户课米玖斗。

一户於云贰，户丁於文锦，在市人，原额挑贩课米壹石贰斗。

一户叶长儿，户丁叶万春，市壹啚人，原额挑贩课米壹石贰斗。

一户邹彦英，在市人，原额挑贩课米壹石贰斗。

一户毛海，户丁毛世英，在市人，原额挑贩壹石贰斗。

一户毛仕华，叁拾壹都人，原顶绝户课米玖斗。

一户秦福，肆拾伍捌都人，原额密网课米壹石叁斗肆升。

一户秦存，肆拾伍捌都人，原密网课米壹石叁斗肆升。

一户陈福壹，市贰啚人，原额大网课米陆石肆斗。

一户陈童受，市贰啚人，原额挑贩课米壹石贰斗。

一户魏福善，市贰啚人，原额船户课米壹石贰斗。

一户张肆，市壹啚人，原额挑贩课米壹石贰斗。

一户秦玉肆，在市人，原额承挑贩课米壹石贰斗。

一户秦文贵，在市人，原额挑贩课米壹石贰斗。

一户柳庆，市壹啚人，原额挑贩课米壹石贰斗。

一户柳细毛，市壹啚人，原额船户课米壹石。

一户刘乞儿，在市人，今户丁刘琥、刘珊分承（缺文）贩课米陆斗。

一户刘仲昂，在市人，原额船户课米壹石（缺文）斗。

一户陈亭关，市贰啚人，原额船户米壹石贰斗。

一户陈驲，市肆啚人，原额船户米壹石。

一户陈恭贰，即陈恺，顶绝户刘云伍挑贩米壹石贰斗。

一户宋全，市壹啚人，原额棚罾课米玖斗。

一户游福壹，市叁啚人，原额签雷网课米贰石。

一户闵长壹，市肆啚人，原额签雷网课米贰石。

一户陈永安，在市啚人，原额挑贩课米壹石贰斗。

库甲：

一户陈立肆，市壹啚人，原额丝网课米陆石肆斗，今供户丁陈友共承。

一户万立壹，市贰啚人，原额大网课米陆石肆斗。

一户陈祥肆，市叁啚人，原额大网课米陆石肆斗。

一户游福贰，市肆啚人，原额签雷网课米贰石。

贴户：

一户秦思政，肆拾伍捌都人，原额顶绝户伍成捌课米玖斗。

一户胡志敏，在市人，原额挑贩课米壹石贰斗。

一户黄道，市贰啚人，原额挑贩课米壹石贰斗。

一户曹云陆，市壹啚人，原额挑贩课米壹石贰斗。

一户段细儿，市贰啚人，原额挑贩课米壹石贰斗。

一户章成贰，市贰啚人，原额挑贩课米壹石贰斗。

一户程名壹，市叁啚人，原额挑贩课米壹石贰斗。

一户陈宁叁，在市人，原额承挑贩课米壹石贰斗。

一户曹美，户丁曹仲富，见住芦潭粜，原额挑贩课米壹石贰斗。

一户刘节、曹演，市壹啚人，原额共承棚罾课米壹石捌斗。

一户刘清，市叁啚人，原额船户课米壹石。

一户黄胜，市伍啚人，原额挑贩课米壹石贰斗。

一户段仁，市贰啚人，原额挑贩课米壹石贰斗。

一户邹仓得，壹都人，原顶绝户（缺文）课米贰石伍斗。

一户秦仁叁，在市人，原额挑贩课米（缺文）斗。

一户郑玉，户丁郑叔昂，市肆畐人，分承老户大网课米叁石贰斗。

一户刘仁叁，在市人，原额挑贩课米壹石贰斗。

一户徐玉受，市壹畐人，顶承郑玉大网课米叁石贰斗。

库甲：

一户陈福贰，市壹畐人，原额丝网课米捌石伍斗伍升。

一户冯庆，在市人，原额大网课米陆石肆斗。

一户魏添柒，市壹畐人，原额大网课米陆石肆斗。

一户段福贰，周溪陆都人，原额大网课米陆石肆斗。

一户张广肆，市壹畐人，原额大网课米陆石肆斗。

一户彭添仔，市伍畐人，原额大网课米陆石肆斗。

一户曹秀壹，市壹畐人，原额大网课米陆石肆斗。

一户陈胜壹，市贰畐人，原额大网课米陆石肆斗，又签雷网米贰石。

一户李彦俊，市伍畐人，顶绝户刘富肆课米壹石贰斗。

库甲：

一户罗公汉，在市人，李经信，壹都人，共承水名大宁池壹所，课米陆拾石，嘉靖元年加安义县玖姓渔户课米贰石。户丁罗文璁得池贰分，该课米贰拾捌石；户丁罗文昭与壹都邹文奎共得池壹分，该课米壹拾捌石伍斗；李经信得池壹分，该课米壹拾伍石伍斗。

库甲：

一户詹受童，贰都人，承佃水名赤石池壹所，及腹内叶家汊、西田汊、大砂风子池，课米壹拾伍石，又草网课米贰石伍斗，又佃绝户巢斌黄金觜、酒坛湾课米叁石壹斗伍升，嘉靖元年加安义县玖姓渔户课米肆斗柒升，分拆各户承纳。

一户詹本贵，分承老户詹受童赤石池、叶（缺文）、西田汊、（缺文）风子池、（缺文）金（缺文）坛湾，课米陆石伍（缺文）本都陈楚，水名小鱼池，米壹石伍斗，（缺文）厚，分下赤石池、大砂风子池，课米（缺文）。

一户詹本厚，分承老户詹受童黄金（缺文）壹石伍斗叁升，户丁詹天姓，分承赤石池、（缺文）汊、西田汊，课米贰石伍斗（缺文）。

一户詹本崇，分承老户詹受童赤石池、叶家汊、西田汊、大砂风子池、（缺文）坛湾，课米陆石伍斗叁升。

一户詹本高，分承老户詹受童黄金觜、酒坛湾草网课米壹石伍斗叁升。

一户詹镐，承佃水名小宁池腹内上下茭塘，课米壹石伍斗。

一户詹文浩，承黎家池课米贰石。

一户詹得明，顶本都绝户王祖得（即曹敬）草网课米叁石陆斗，得业户丁詹天长共承前米。

库甲：

一户沈丙，叁都人，原顶绝户江万草网课米陆石伍斗，汪元告佥船户江安得共承。

贴户：

一户潘瓒，即潘珏，叁都人，正统贰年顶绝户万文草网课米贰石。

一户李福成，贰都人，原同本都陈楚共承小宁池课米叁石。

一户张荣，贰都人，原额课米贰石陆斗。

一户江牙儿，叁都人，原额顶董立儿丝网课米肆石伍斗。

一户毛贤，贰都人，原额旋网课米叁石陆斗。

一户李茂，柴棚人，原额课米贰石。

一户杨和贰，叁都人，原额白网课米壹石叁斗肆升。

一户王净，叁都人，原额白网课米壹石叁斗肆升。

一户张允，叁都人，原额白网课米壹石叁斗肆升。

一户曹可政，叁都人，原顶绝户刘璁白网课米壹石。

一户江受得，伍都人，原顶绝户张真白网额米壹石。

一户沈丙，叁都人，原顶绝户王肆白网（缺文）壹石。

一户陈受得，叁都人，原顶绝户（缺文）米捌斗。

一户何阿张，伍都人，原额鰕箟课（缺文）。

一户黄福壹，伍都人，原额丝网课米伍石。

一户黄显壹，伍都人，原额旋网课米壹石捌斗。

一户方广，伍都人，原额课米壹石捌斗。

一户黄福贰，伍都人，原额手罾课米壹石捌斗。

一户吴午受，伍都人，顶绝户李连得手罾课米壹石捌斗。

一户雷伟，伍都人，原额手罾课米壹石捌斗。

一户杨春，叁都人，原额白网课米壹石叁斗肆升。

一户张成得，叁都人，原白网课米壹石叁斗肆升。

一户苏尚柒，伍都人，原顶绝户陈祖得课米壹石。

一户曾兴，伍都人，顶绝户吴成鰕箟课米捌斗陆升。

一户付子兴，叁都人，原额鰕箟课米捌斗陆升。

一户吴远，伍都人，原额鰕箟课米捌斗陆升。

一户苏坚，伍都人，原顶绝户陈祖课米壹石。

库甲：

一户董兵、郑叁得，俱肆拾都人，正统贰年顶绝户郑敬罩网课米捌石。

贴户：

一户杨得生，叁都人，原顶绝户万琪草网课米贰石。

一户鲍贤，叁都人，原顶绝户李组爬网课米壹石。

一户查集，贰都人，原额课米捌斗陆升。

一户陈义方，肆都人，原顶绝户陈秀壹草网课米壹石陆斗伍升。

一户陈祖儿，伍都人，原顶绝户邓均、和捌鱼笼课米壹石。

一户江福叁，伍都人，原额鰕箟课米捌斗。

一户潘思旭，叁都人，原顶绝户董立儿丝网课米肆石伍斗。

一户罗乞生，肆都人，原顶绝户余方旋网课米壹石捌斗。

一户景允安，贰都人，原额同本都陈楚共小宁池课米叁石。

一户陈孝儿，肆都人，原顶绝户冯杰旋网课米壹石捌斗。

一户张子贵，叁都人，原顶绝户李（缺文）草网课米陆石伍斗伍升。

一户傅善弟，叁都人，原顶绝户谭（缺文）白网课米贰石。

一户邹祖得，贰都人，原顶绝户邹胜丝网课米陆石叁斗。

一户李多得，肆都人，原顶绝户李秀旋网课米壹石捌斗，又签（缺文）米贰石。

一户朱允受，贰都人，原顶绝户朱长贰草网课米贰石。

一户黄显贰，伍都人，原额旋网课米壹石捌斗。

一户江穆，伍都人，原额旋网课米壹石捌斗。

一户段宁玖，伍都人，原额旋网课米壹石捌斗。

一户罗玄真，肆都人，原顶绝户李宗旋网课米壹石捌斗。

一户罗添，伍都人，原额白网课米壹石捌斗。

一户朱远肆，叁都人，原额白网课米壹石叁斗叁升。

一户张宁，叁都人，原顶绝户胡江草网课米伍石陆斗伍升。

一户沈信，叁都人，原顶绝户沈昇罩网课米伍石陆斗伍升。

一户张寅得，叁都人，原绝户沈安罩网课米伍石陆斗伍升。

库甲：

一户江通俊，拾都人，原额水名平池壹所，及腹内砂塘、田塘、神仙觜、前后汊，共课米贰拾石伍斗，加安义九姓渔户课米陆斗柒升。

贴户：

一户黄奇，即付七，玖都人，原额白网课米贰石。

一户李兴，玖都人，原额旋网课米壹石贰斗，佥本都刘猫儿、丘寄安、江仲会、李恭七、冯朝英、孙舍得共承。

一户余学七，拾都人，原额爬网课米贰石壹斗柒升。

一户叶高贰，拾都人，原额爬网课米贰石，佥本都余礼元，户丁余长壹、余呈共承前米。

一户王迪可，拾都人，原额棚罾课米壹石贰斗。

一户程通贰，拾都人，原额爬网课米贰石。

一户冯学肆，拾都人，原额爬网课米贰石。

一户万住孙，玖都人，正统贰年顶绝户聂杰草网课米叁石壹斗叁升，成化贰拾叁年佥拾都冯满（缺文）承米贰石，余浩、杨宁承米壹石壹斗叁升。

一户曹弟壹，拾都人，原额草网课米伍石捌斗。

一户李隆得，户丁李满宗，拾都人，原额草网课米伍石捌斗。

一户游细儿，拾伍都人，正统贰年顶绝户李福鰕簄课米捌斗陆升。

库甲：

一户余伯明，拾都人，原额承佃水名酬池腹内棘池、上下酬村港、樟油汊、魏受汊，共课米贰拾石。

贴户：

一户邵贵，拾都人，原额白网课米贰石。

一户张申，拾都人，原额白网课米贰石，佥本都棚罾课户张肆、张陆承米捌斗，聂奴得承米壹石贰斗。

一户洪兰肆，户丁洪福俊，拾都人，原额白网课米贰石。

一户王洪伍，拾都人，原额白网课米伍石捌升。

库甲：

一户江惟忠，柒都人，原与捌都于隆得共承水名土塘港壹所，及腹内菱塘小港、汪家塘、龚家汊、白鹭塘、箬湖港、夏家垴，共课米叁拾石，嘉靖元年加安义县玖姓渔户课米壹石；今分编库甲贰名，每名该课米壹拾伍石伍斗。

贴户：

一户李郁、桑敬、杨添孙，俱拾肆都人，原顶绝户张福手罾课米壹石捌斗。

一户林广，市肆畐人，原顶绝户恒受贰米壹石贰斗。

一户夏远，拾肆都人，原额旋网课米壹石捌斗。

一户汪远，拾肆都人，原额旋网课米壹石贰斗。

一户陈得信，拾肆都人，原额手罾课米壹石捌斗。

一户聂应隆，拾肆都人，原顶绝户陈玄贰手罾米壹石捌斗。

一户江贵，拾肆都人，原额旋网课米陆斗。

一户詹祥，拾肆都人，原额手罾课米壹石贰斗。

一户沈福，即沈达，拾肆都人，原额手罾课米壹石捌斗。

一户余昌，拾肆都人，原额手罾课米柒斗。

一户刘谷，拾肆都人，原额旋网课米壹石捌斗。

一户陈和，拾肆都人，原额课米壹石贰斗。

一户陈福可，陆都人，原额岸罾课米贰石肆斗

一户李长壹，拾肆都人，原额课米壹石捌斗。

一户沈付，拾肆都人，原额密网课米贰石陆斗。

一户查仲和，拾肆都人，原额手罾课米壹石捌斗。

一户凌用，壹都人，原额鱼笼课米伍斗。

一户李秀，壹都人，原额鱼笼课米伍斗。

一户汤引生、李庆伍，壹都人，共鱼笼米伍斗。

一户陈辰弟，陆都人，正统贰年顶绝户曹宁岸罾米贰石肆斗。

一户刘仁，壹都人，原额手罾课米壹石捌升。

一户刘狗儿，户丁刘锦，陆都人，原额顶绝户万宗草网课米叁石。

库甲：

一户于隆得、于鉴、闵福，俱捌都人，原与柒都江惟忠共承水名土塘港壹所，及腹内菱塘小港、汪家塘、白鹭塘、箬湖港、夏家垅，共课米叁拾石，嘉靖元年加安义县玖姓渔户课米壹石；今分编库甲贰名，每名该米壹拾伍石伍斗。

贴户：

一户张得名，拾肆都人，原顶绝户陈宁手罾课米壹石捌斗。

一户黎牛儿，拾肆都人，原顶绝户张福手罾课米壹石捌斗。

一户赵受，拾肆都人，原额手罾课米壹石捌斗。

一户潘义，拾肆都人，原额手罾课米壹石捌斗。

一户姚贵、张志明，拾肆都人，原顶绝户汪长手罾课米壹石捌斗。

一户叶信，捌都人，原额爬网课米陆斗。

一户李贵，捌都人，原额爬网课米壹石。

一户于信仲，捌都人，原顶绝户余兴爬网课米壹石。

一户于森，捌都人，原额爬网课米壹石。

一户江庆，捌都人，原额白网课米壹石。

一户余彰，捌都人，原额爬网课米壹石捌斗。

一户於文，捌都人，原额白网课米壹石。

一户龚舜，捌都人，原额爬网课米壹石。

一户何才，拾肆都人，原额手罾课米壹石捌斗，成化贰拾叁年佥本都汪仕渊、捌捌[①]都李信承米捌斗，又将原经纳卢猗得、徐思和承米壹石。

一户丘均叁、张恭、韩琏，俱陆都人，共承水名长堑浆课米玖石。

一户段实，陆都人，原额密网课米贰石壹斗。

一户舒裕，拾肆都人，原额爬网课米壹石。

一户刘洪，柴棚人，原顶绝户曹保肆丝网米伍斗。

一户孙义，拾肆都人，原额旋网课米壹石贰斗。

库甲：

（缺文）人，原额共水名蒿子池壹所，及腹内（缺文）。

一户洪迁，玖都人，原白网课米壹石。

一户柯长，玖都人，原额棚罾课米叁石陆斗，佥本都傅元清、余招、杨洪共承米壹石陆斗，又经纳拾都孙舍得承米贰石。

①原文如此。

一户张太宽、太清，玖都人，原白网课米陆斗。

一户查乞得，玖都人，原额白网课米壹石。

一户曹志（即曹忠）、余泾伍、张杨，俱捌都人，弘治拾壹年共承水名蒿子池课米壹石贰斗。

一户於仁，玖都人，原额棚缯课米壹石柒斗玖升。

库甲：

一户於表壹，户丁於祖文，具告守巡断明，收回故祖於敏柯行原闸办水名迁子湖港、黄婆港、前后叶家汊、下浆、黄牯塘，上至上塘滩，下至鹅颈湾，南至乌头山，北至庙林觜为界，课米叁拾壹石柒斗壹升，又草网课米伍石（缺文）叁升，加安（义）县玖姓渔户课米壹石。

贴户：

一户柯权，玖都人，原草网课米壹石叁斗叁升。

一户於长壹，玖都人，原额手罾缯[1]课米壹石捌斗。

一户柯梁，玖都人，原额荡鰕课米壹石捌斗。

一户段通捌、於源壹，玖都人，原迁子湖草网课米叁石壹斗叁升。

一户黄胜友，玖都人，原额荡鰕课米壹石捌斗。

一户黄显昇，伍都人，原额闸办水名山田港腹内左家汊、高家玲、周婆塘、项家玲、白得湖、风砂玲、方甲、小南庙，课米贰石柒斗。

一户柯长安，玖都人，原额於常草网课米叁石壹斗叁升。

库甲：

一户曹亮壹，玖都人，原额草网课米伍石捌斗。

贴户：

一户张德，玖都人，原额爬网课米贰石。

一户於应叁，玖都人，原额荡鰕课米壹石捌斗。

①“缯”字系衍文。

一户江明，玖都人，原额旋网课米壹石贰斗。

一户刘宜，玖都人，原额荡䱍课米壹石捌斗，佥本都张能、徐福共承前米。

一户柯长安、洪伟舟，玖都人，原顶绝户黄付肆荡䱍课米壹石捌斗，又佥本都袁秀、杨招、袁琛共承。

一户於子理，玖都人，原额罩课米壹石壹斗叁升。

一户王丑儿，玖都人，原白网课米壹石。

一户柯忠，玖都人，原额白网课米壹石。

一户张仲壹，玖都人，原顶绝户卢亮罩网课米伍石捌斗。

一户於儒，玖都人，原额罩网课米叁石壹斗叁升。

一户於宣，玖都人，原额罩网课米叁石壹斗叁升。

一户於泰肆，玖都人，原额罩网课米叁石壹斗叁升。

一户於刚，玖都人，原额草网课米伍石捌斗。

一户王浩，叁都人，原顶绝户魏添叁课米壹石捌斗。

一户龚敏方，捌都人，原顶绝户程友手罾课米壹石捌斗。

一户江添孙，捌都人，原顶绝户徐兴爬网课米壹石捌斗。

一户袁儒，玖都人，原额白网课米壹石。

一户袁闰生、李细儿，捌都人，原顶程友手罾课米壹石捌斗。

一户戴开，捌都人，原额爬网课米柒斗。

一户卢正隆，捌都人，原顶绝户卢道爬网课壹石。

一户於章，捌都人，原额手罾课米壹石。

一户徐长，捌都人，原额手罾课米壹石捌斗。

一户储庆受，捌都人，原顶绝户沈才课米壹石。

一户赵堂得、余祖捌，俱捌都人，正统贰年顶绝户魏文丝网课米肆石叁斗肆升。

一户程子清，捌都人，原顶绝户江深爬网课米柒斗。

一户梁松，捌都人，原额爬网课米柒斗。

一户余月，捌都人，原额爬网课米柒斗，佥洪珉、万忠共承。

一户施修，贰都人，原额草网课米壹石捌斗。

一户於立贰，捌都人，正统贰年顶绝户余来保爬网柒斗，成化贰拾叁年佥本都手罾课户陈仓传、汪九祖承米壹石贰斗，又将聂长肆承米伍斗。

一户罗宗玖，叁都（人），原额签雷网课米贰石，又草网课米叁石陆斗伍升，共课米伍石陆斗伍升。

一户熊鉴，贰都人，原岸罾米壹石肆斗。

一户毛宁可，贰都人，原额旋网课米叁石陆斗。

一户刘通，贰都人，原顶绝户课米壹石陆斗，即丘还得、石寄庄抵承万文才米。

一户秦臭得，肆拾伍捌都人，原额密网课米壹石叁斗叁升叁合。

一户汪伦，拾都人，原额旋网课米壹石陆升。

一户於亮叁，拾都人，原额白网课米壹石。

一原额黄马大石池课米肆拾陆石，里甲名下办纳，人户壹百伍户，里长（缺文）并近何（河）得水利人户俱在办纳，开载于后，俱玖都人。

一户曹宗海，课米陆斗。

一户杨琏，课米陆斗。

一户成演，课米陆斗。

一户沈（缺文），课米陆斗。

一户沈琛，课米陆斗。

一户查刚，课米陆斗。

一户於允安，课米陆斗。

一户曹宽，课米陆斗。

一户李孟和，课米陆斗。

一户查志源，课米陆斗。

一户程华，课米陆斗。

一户刘贵，课米肆斗。

一户李秉清，课米肆斗。

一户郑文刚，课米肆斗。

一户杨邦洪，课米肆斗。

一户刘焕，课米肆斗。

一户曹哲，课米肆斗。

一户徐友亮，课米肆斗。

一户范铎，课米肆斗。

一户左世清，课米肆斗。

一户彭质陆，课米肆斗。

一户林弥清，课米肆斗。

一户曹亮，课米肆斗。

一户曹太安，课米肆斗。

一户曹关受，课米肆斗。

一户查庚儿，课米肆斗。

一户张述得，课米肆斗。

一户曹再儿，课米肆斗。

一户曹佛祖，课米肆斗。

一户刘细保，课米肆斗。

一户余长得，课米肆斗。

一户曹昂，课米肆斗。

一户喻志明，课米肆斗。

一户查全，课米肆斗。

一户陈宗得，课米肆斗。

一户沈宗，课米肆斗。

一户查瘦儿，课米肆斗。

一户曹再立，课米肆斗。

一户余黑儿，课米肆斗。

一户杨民，课米肆斗。

一户余祖，课米肆斗。
一户曹太老，课米肆斗。
一户张瘦儿，课米肆斗。
一户曹苟儿，课米肆斗。
一户余童得，课米肆斗。
一户曹景，课米肆斗。
一户李秀玖，课米肆斗。
一户曹文祖，课米肆斗。
一户曹再玉，课米肆斗。
一户余征得，课米肆斗。
一户曹明，课米肆斗。
一户张旺，课米肆斗。
一户程细祖，课米肆斗。
一户於隆受，课米肆斗。
一户杨琏，课米肆斗。
一户黄福受，课米肆斗。
一户余森，课米肆斗。
一户曹舟，课米肆斗。
一户刘玄，课米肆斗。
一户余英，课米肆斗。
一户余高，课米肆斗。
一户曹宗得，课米肆斗。
一户於福安，课米肆斗。
一户张细儿，课米肆斗。
一户江陆安，课米肆斗。
一户曹丙得，课米肆斗。
一户傅源清，课米肆斗。
一户於童，课米肆斗。
一户沈孟澄，课米肆斗。

一户於铁关，课米肆斗。

一户於福庆，课米肆斗。

一户曹文得，课米肆斗。

一户余瓒，课米肆斗。

一户李机，肆拾叁都人，原额课米贰石贰斗。

余森下：

一户余弟儿，课米肆斗。

一户余毛儿，课米肆斗。

一户黄清，课米肆斗。

一户沈崑，课米肆斗。

一户江灵春，课米肆斗。

一户黄文得，课米肆斗。

一户曹简玉，课米肆斗。

一户张辛宗，课米肆斗。

一户曹隆得，课米肆斗。

一户詹瘦儿，课米肆斗。

一户杨茂，课米肆斗。

一户彭秀弟，课米肆斗。

一户曹匾得，课米肆斗。

一户曹正宗，课米肆斗。

一户张荀儿，课米肆斗。

一户王宁，课米肆斗。

一户於瘦儿，课米肆斗。

一户施容，课米肆斗。

一户梅仁付，课米肆斗。

一户查文得，课米肆斗。

一户孔安得，课米肆斗。

一户余福，课米肆斗。

一户张能，课米肆斗。

一户余琛，课米肆斗。

一户余受祖，课米肆斗。

一户李拾肆，课米肆斗。

一户余丑得，课米肆斗。

一户刘佛保，课米肆斗。

一户柯安得，课米肆斗。

一户余添得，课米肆斗。

一户曹毛儿，课米肆斗。

一户查瘦儿，课米肆斗。

一户利孝儿，课米肆斗。

一户陈演，肆拾叁都人，原课米壹石伍斗伍升。

近池得水利人，原经纳课米见在人户壹拾柒户，课米伍拾柒石贰斗伍升。

一户夏崇柒、夏和、陈祥，俱玖都人，共承米肆石。

一户柯秀方，玖都人，承米伍石捌斗。

一户段恭叁、陈得，俱捌都人，承米贰石。

一户余义、叶来得，俱捌都人，承米壹石捌斗。

一户赵礼文，捌都人，承米壹石捌斗。

一户余舍得，拾都人，承米伍石肆斗叁升。

一户卢伯渊，捌都人，承米贰石伍斗。

一户胡丑得、胡祖保，捌都人，原承米壹石捌斗。

一户曹和得、陈信，拾肆都人，原课米壹石捌斗。

一户李福、李琼、李海、李琛、李鉴，俱捌都人，承米贰石肆斗。

一户叶高贰、余李源，俱拾肆都人，原课米贰石。

一户曹宗，拾都人，原课米壹石。

一户江泰，捌都人，原课米贰石伍斗。

一户曹玄，贰拾捌都人，原课米柒石。

一户于汉，捌都人，原课米贰石伍斗。

一户曹松，捌都人，原课米贰石伍斗。

库甲：

一户曹玄贰，拾都人，原额草网课米伍石捌斗。

贴户：

一户曹峰伍，拾都人，原额罩网课米伍石捌斗。

一户曹荣陆，拾都人，原额草网课米伍石捌斗。

一户曹宗肆，拾都人，原额草网课米伍石捌斗。

一户曹志壹，拾都人，原额草网课米伍石捌斗。

一户余璁柒，拾都人，原额草网课米叁石壹斗叁升。

一户李玄得，拾都人，正统贰年顶绝户余亮肆爬网课米贰石。

一户涂成祖，拾都人，原额草网课米贰石壹斗陆升。

一户余友壹，拾都人，原额密网课米贰石壹斗陆升。

一户丁暚，拾都人，原额白网课米贰石。

一户江宗壹，拾都人，原额白网课米贰石，成化贰拾叁年佥拾肆都吴郎、捌都谭任贵共承前米。

一户汪显陆，拾都人，原额白网课米贰石。

一户余玄，拾都人，原额白网课米贰石。

一户冯友，拾都人，原额白网课米贰石。

一户汪本壹，拾都人，原额白网课米贰石。

一户冯召祖，拾都人，原额密网课米贰石壹斗陆升，成化贰拾叁年佥本都冯瓒、张绕得共承爬网壹埠，捌都魏叁公棚罾壹把，共承米壹石贰斗陆升，又将经纳人户于敏、王祖共承米壹石，系捌都人。

一户江真，拾都人，原额课米壹石捌斗，成化贰拾叁年佥汪九万、汪福安承米壹石贰斗，拾都杨来孙承米陆斗。

一户张信，肆拾伍捌都人，原额密网课米壹石叁斗叁升叁合。

一户徐德谦，叁拾伍都人，原顶绝户课米肆石。

一户鲍昇，叁拾肆都人，原额课米壹石捌斗，佥本都吴祖得共承。

一户王受孙，在市人，原额课米壹石贰斗。

一户鲍乞孙，叁拾肆都人，原课米壹石捌，户丁鲍停承米陆斗。

一户万鉴，在市人，原额课米壹石贰斗。

一户谭政，贰拾陆都人，收回谭隆得课米壹石。

一户刘乞儿，户丁刘淳，分承老户课米叁斗。

一户黄瘦得，柴棚人，原额课米柒斗。

一户段常贰，柒都人，原额鱼笼米伍斗，成化二十三年佥徐显、徐元奇共承。

一户段世荣，柒都人，原鱼笼米伍斗，成化贰十三[1]年佥张希、张彬、冯闰得承。

一户江脚公，柒都人，原额手罾课米壹石捌斗。

一户沈观壹，柒都人，原额手罾课米壹石捌斗。

一户邹才伍，柒都人，原额手罾课米壹石捌斗。

一户叶秉捌、邹鱼童、丘孟德，原顶绝户余明大网课米肆石叁斗。

一户张蛮得，柒都人，原顶绝户冯付鰕簄米捌斗陆升。

一户邓和捌，柒都人，原额鰕簄课米伍斗，佥本都罾户陈金抵承。

一户黄观贰，柴棚人，原额丝网课米伍石。

一户叶辛保，捌都人，正统贰年顶绝户余蒙爬网课米壹石。

一户余庶，陆都人，原额密网课米叁石壹斗伍升。

一户段福弟，陆都人，原顶绝户巢回旋网米壹石捌斗。

一户李禄，即文得，陆都人，原额白网课米叁石贰斗伍升。

一户段福，陆都人，原额课米壹石。

①原文如此，下文还有这种数字大小写形式并存的情况。

一户余长，陆都人，原额爬网米壹石，佥曾子成共承。

一户邹进，陆都人，原岸罾米贰石，成化贰拾叁年佥经收人户陈立行共承。

一户洪伬得，拾都人，原顶绝户余豪肆爬网米壹石。

一户余召，拾都人，原额密网课米贰石贰斗，佥桑璁、张始儿、余福、余源共承。

一户段尚，柒都人，原额鱼笼米伍斗。

一户冯玉，拾叁都人，原额鰕簄课米捌斗陆升。

一户冯旭，拾叁都人，原顶绝户段祥女旋网课米壹石捌斗。

一户洪福俊、洪秀，拾都人，谭仕贵，捌都人，共承拾都江宗壹课米贰石。

一户王宗贰，拾都人，原额荡鰕课米壹石捌斗又陆斗。

柴棚壹处

库甲：

一户曹亨，户丁曹泮，陆都人，原额办水名东西盘湖、夹砂坅、石牌湖、杨家汊、蒋家塘、沙窝、老鼠垙、彭公坎、鹅项石、头坅，腹内江家湖、杨家塘、杨树港、蛟龙潭、团湖、五湖坅、碗塯坅、史饶河壹边，课米柒石；外佃水名均池、水尾、力士新坅、棠阴、周溪、柴棚、虬门等港，上至力士新坅，下至饶河口，东至莺子河，北至本都水源山脚为界，曹泮得受肆分，该课米壹佰壹拾肆石贰斗捌升。曹恢，户丁曹庆，得受壹分，该课米贰拾捌石伍斗柒升。曹均佐，户丁曹禄，原额闸办水名砂塘、竹子湖、纏池、沙堰，南历长沙池、洪富新塘、邓埠塘、墓明塘、黄家滩、佛生港、史饶河壹边，该课米贰拾壹石；外佃均池、水尾、力士、新坅、棠阴、周溪、柴棚、虬门等港，得受贰分，该课米伍拾柒石壹斗肆升。告鸣司府，查照旧额钱粮，屡年河泊所自运解纳，嘉靖元年加安义县九姓渔户课米陆石叁斗肆升，俱曹亨、曹均佐柒分朋纳。

共得本池后湖水利贴户伍名，朋编课米壹拾贰石肆斗伍升。

一户陈福、邹仪，承佃曹容，俱陆都（人），共承水名后湖课米伍石玖斗；曹容内承课米贰石玖斗伍升，邹仪内承米贰石玖斗伍升。

一户成冬受，陆都人，正统贰年顶绝户万文才分承课米肆斗。

一户巢均，陆都人，原额密课米叁石贰斗伍升。

一户利自儿，陆都人，正统贰年顶绝户张朝岸罾课米贰石肆斗。

一户张童真，陆都人，正统贰年原顶承绝户龚宁壹丝网课米伍斗。

库甲：

一户段忠献，陆都人，原额闸办水名河塘、马迹油池，及腹内江家汊、竹林塘、铁炉汊，共课米贰拾贰石，又鱼笼课米伍斗，嘉靖元年加安义县九姓渔户课米陆斗玖升。

贴户：

一户段兴，柒都人，原额鱼笼课米伍斗。

一户陈楠，柒都人，原额鱼笼课米伍斗。

一户周普保，柒都人，原顶绝户段祥手罾课米壹石捌斗。

一户陶祖，柒都人，原额手罾课米壹石捌斗。

一户查辅得、冯世忠，陆都人，原额密网课米贰石。

一户段乾得、段牛儿，陆都人，原额白网课米贰石。

一户张仁，户丁张理，陆都人，原额岸罾课米贰石肆斗。

一户邵伯玉，陆都人，原额密网课米贰石肆斗。

一户段林远，柒都人，原额手罾课米壹石捌斗。

一户吴祥，陆都人，原额承佃舒湖、鹅行、庙前坽，共课米肆石伍斗。

一户张付陆，陆都人，原额承佃舒湖、鹅行、庙前坽，共课米肆石陆斗。

一户熊景文，柴棚人，原额手罾课米壹石捌斗。

库甲：

一户余得，即西弟，拾肆都人，原额承佃水名河塘、马迹油池，及腹内竹林塘、铁炉汊，共课米壹拾壹石陆斗柒升。

贴户：

一户冯端，拾叁都人，原额荡鰕课米捌斗柒升。

一户黄信，拾肆都人，原额爬网课米陆斗。

一户袁简，拾肆都人，原额爬网课米壹石，即戴简。

一户陈惠，拾肆都人，原额爬网课米壹石。

一户刘自儿，拾伍都人，原顶绝户吴庆百袋网课米壹石。

一户程舍得，拾叁都人，原额爬网课米壹石。

一户方仪，拾伍都人，原额爬网课米壹石。

一户黄乞得，陆都人，正统贰年顶绝户万文才罩网课米叁石肆斗。

一户张长，拾肆都人，原额旋网课米壹石捌斗，佥本都林苟得（即景良）抵承。

一户聂均，拾肆都人，原额旋网课米壹石贰斗。

一户陈立肆，拾肆都人，原额旋网课米壹石贰斗。

一户王恭，拾肆都人，原额旋网课米壹石贰斗。

一户陈长，拾肆都人，原额旋网课米壹石贰斗。

一户陈立捌，拾肆都人，原额手罾课米壹石捌斗。

一户陈昭肆，拾肆都人，原额手罾课米壹石捌斗。

一户胡立肆，拾肆都人，原额爬网课米壹石，成化贰拾叁年佥本都段希承。

一户江添壹，陆都人，原额爬网课米壹石，成化贰拾叁年佥本都李孟真、肆都汪秀共承前米。

一户聂成生，陆都人，原顶万方草网课米叁石肆斗叁升，佥盛遗具、丘隆受承方方米陆石。

一户巢新，陆都人，原顶绝户龚宁壹，签雷网课米捌斗。

一户余明得，原额旋网课米壹石贰斗，系拾肆都人。

一户胡胜祖，拾肆都人，原额手罾课米壹石捌斗。

一户向勤，拾肆都人，原额旋网课米壹石捌斗。

一户查仲和，拾肆都人，原额手罾课米壹石捌斗。

一户桑仲和，陆都人，收回易新关课米叁石贰斗，系岸罾。

一户聂官，拾肆都人，原额旋网课米壹石贰斗。

一户袁开、袁细儿，俱拾肆都人，正统贰年顶绝户陈宁爬网课米陆斗。

一户李刚，拾肆都人，正统贰年顶绝户徐祖草网课米壹石肆升叁合伍勺。

一户程牛儿，拾肆都人，正统贰年顶绝户吴海旋网米壹石捌斗。

一户孙玄名，拾肆都人，原顶船户桑仲英手罾课米壹石捌斗。

一户杨玄得，拾肆都人，原顶绝户段祥手罾课米壹石捌斗，成化贰拾叁年佥本都邹来、曹哲共承捌斗，又将原经捌都梅回祖承米壹石。

一户刘名，拾叁都人，原顶绝户段仁鰕箄米捌斗陆升。

一户冯敏，拾叁都人，原顶绝户冯乞女挑贩米壹石贰斗。

一户聂伟、夏林，拾肆都人，原顶绝户陈宁爬网课米贰石。

库甲：

一户李秀，陆都人，原额水名舒湖鹅行，课米肆石柒斗。

贴户：

一户谭相，陆都人，原额旋网课米陆斗。

一户谭宁，陆都人，成化贰拾叁年顶绝户白网课米壹石。

一户程尚，贰拾伍都人，原额爬网课米壹石。

一户张孝儿、聂保贰、高成、宋孝受、余来儿、李瘦弟、李刚、林丑清、朱丑孙、詹仕受，正统贰年顶绝户余相草网课米壹拾石叁斗贰升，俱拾叁肆都人。

一户李友信、罗允昌，俱陆都人，正统贰年顶绝户陆广草网米陆石玖斗贰升。

一户游恩壹，陆都人，原额签雷网课米贰石。

一户张恭，户丁张标，陆都人，原额白网课米壹石。

一户冯文宗，陆都人，原顶绝户傅受肆，签雷网课米捌斗。

一户张庆受，陆都人，正统贰年顶绝户杨得密网课米贰石陆斗，成化贰拾叁年佥冯盛、余旭承米捌斗，将拾都冯乞女抵承前米。

一户吴卯得，陆都人，正统贰年顶绝户陆广草网课米叁石伍斗。

一户冯清、杨来兴、杨瘦儿，俱拾伍都人，原额手罾课米壹石捌斗。

一户黄观拾，柴棚人，原额丝网课米伍石。

一户汪柒，柴棚人，原额丝网课米贰石。

一户汪陶保，柴棚人，原额丝网课米贰石，正统贰年顶绝户曹付爬网课米柒斗。

一户汪寄祖，柴棚人，原顶绝户余立爬网课米陆斗。

一户黄用，柴棚人，原额手罾课米壹石捌斗。

一户邓通，柴棚人，原额手罾课米壹石。

一户王仁，柴棚人，原额手罾课米壹石捌斗。

一户周尚邦，即周南，柴棚人，原额白网课米壹石。

一户曹保肆，柴棚人，原额草网课米柒石，成化贰拾叁年佥本都曹孟奇、张琛、刘洪承米壹石，陆都陈名俊抵承肆石，谢丑得承米贰石。

一户张海、叶庆，叁都人，原顶绝户万文才草网米叁石陆斗。

库甲：

一户游福壹，陆都人，原丝网课米陆石伍斗柒升。

贴户：

一户程辰弟，陆都人，原顶绝户黄达祖白网课米壹石。

一户周宁壹，陆都人，原额丝网课米伍石柒斗伍升。

一户方广，户丁方泳，伍都人，原额草网课米壹石。

一户潘瓒，（即）潘珏，叁都人，原顶绝户万文才草网米壹石。

一户段春，陆都人，正统贰年顶绝户郑良白网课米壹石。

一户聂舜，陆都人，原额白网课米壹石。

一户徐云，陆都人，原额白网课米壹石。

一户成友，陆都人，原额白网课米壹石。

一户汪伦，陆都人，原额白网课米壹石。

一户汪寄，陆都人，原额白网课米壹石。

一户成细得，陆都人，原额白网米壹石。

一户成振，陆都人，原额白网课米壹石。

一户成关得，陆都人，原顶绝户曹成白网课米壹石。

一户曹佛保，柒都人，原额手罾课米壹石捌斗，成化贰拾叁年佥本都罗斌承米壹石叁斗，又将经纳人户余贤承米陆斗。

一户张伏，陆都人，原额白网课米壹石捌斗，成化贰拾叁年佥拾伍都人汪长抵承。

一户陈苟儿，贰都人，原顶绝户张福陆爬网课米壹石捌斗。

一户徐玉，陆都人，原额密网课米伍石贰斗。

一户徐胜，陆都人，原额密网课米贰石陆斗。

一户成隆安，陆都人，原顶绝户张才密课米叁石贰斗陆升。

一户陈云、毛巴得，陆都人，原额旋网课米叁石陆斗。

一户吕和，陆都人，原额密网课米贰石。

一户赵受安、李伯孙，俱陆都人，正统贰年顶绝户余贵草网课米壹拾石肆斗贰升，成化贰拾叁年佥原经人户孙贵、孙富、聂均承米叁石陆斗，冯袁壹、段隆、萧隆得承米叁石陆斗，张继先、汪仕渊承米壹石贰斗，张胜肆承米贰石，俱拾肆都人。

一户江召得、江安、江闰，俱陆都人，正统贰年顶绝户叶宗草网课米柒石肆斗贰升伍合。

一户江益儿，陆都人，原顶绝户黄茂儿岸罾课米贰石肆斗。

一户秦遗和、万鱼童，俱陆都人，原额课米贰石肆斗。

库甲：

一户刘祥，即樊肆，陆都人，原额白网课米贰石。

贴户：

一户黄观壹，柴棚人，原额铁脚网课米壹石玖斗。

一户刘得，拾叁都人，强洪捌，陆都人，共承绝户刘信白网课米壹石。

一户黄阿曹，即陶保，柴棚人，原铁脚网课米壹石玖斗叁升。

一户黄胜、罗观肆，陆都人，原额铁脚网课米壹石玖斗贰升。

一户梅舍得，柴棚人，正统贰年顶绝户柳福铁脚网米壹石玖斗贰升。

一户张老生，柴棚人，正统贰年顶绝户薛铁脚网课米壹石玖斗贰升。

一户江龙，柴棚人，原额白网课米壹石。

一户胡受得，陆都人，原顶绝户傅兴密网课米贰石陆斗。

一户韩永真，柴棚人，原额爬网课米柒斗，王名（即王乔），并孟瑶共承。

一户王威，柴棚人，原顶绝户查宁爬网课米陆斗。

一户汪宣，柴棚人，原顶绝户余钦爬网课米柒斗。

一户董祖得，柴棚人，原顶绝户余武爬网课米柒斗。

一户柴为儿，即查彦隆，柴棚人，原顶绝户洪甫爬网课米柒斗。

一户刘信，陆都（人），原额白网课米壹石，成化贰拾叁年佥本都强浩捌、叁都刘德共承。

一户段真，陆都人，正统贰年顶绝户余彬手罾课米壹石捌斗，成化贰拾叁年佥原经冯玄俊、胡胜祖抵承。

一户宋伟，玖都人，原额手罾课米壹石捌斗。

一户汪叁拾，柒都人，正统贰年顶绝户余真手罾课米壹石捌斗。

一户曹辅，陆都人，原额课米贰石壹斗。

一户汪恢，陆都人，原额密网课米贰石壹斗。

一户段丑弟，陆都人，原额密网课米贰石壹斗。

一户陶成宗，陆都人，正统贰年顶绝户程均受密网课米壹石伍斗。

一户江云祖，陆都人，原顶绝户傅受肆丝网课米伍石。

一户石名得，陆都人，原顶绝户龚宁丝网课米伍石。

一户傅公壹，陆都人，原额手罾课米壹石捌斗。

一户程立，柴棚人，原额爬网课米贰石。

一户江振得，柴棚人，原顶绝户余宗爬网课米陆斗。

一户张浩，柴棚人，原顶绝户樊均爬网课米柒斗。

一户李住俚，即显俚，正统贰年顶绝户爬网课米贰石。

一户萧祖安、吴锁得，柴棚人，原顶绝户傅用爬网课米贰石。

一户董秀，柴棚人，原额爬网课米贰石。

一户冯添贰，柴棚人，原额爬网课米贰石。

一户黄观保，柴棚人，原顶绝户李兴爬网课米陆斗。

一户段陶儿，柴棚人，原顶绝户陈胜爬网课米陆斗。

一户张荣，柴棚人，原额手罾课米壹石捌斗。

一户郭兴贰，柴棚人，原额手罾课米壹石捌斗。

一户黄荣，柴棚人，原额手罾课米壹石捌斗。

一户杨安，陆都人，正统贰年顶绝户吕显密网课米贰石陆斗，又签雷网课米肆斗。

一户邵伯川，陆都人，原额密网课米叁石陆斗。

一户余海，陆都人，正统贰年顶绝户傅玉密网课米贰石陆斗。

一户张真得，陆都人，原顶绝户签雷网课米壹石贰斗。

一户游福壹，陆都人，原丝网课米陆石伍斗伍升，佥原经人户冯玄、刘名抵承米壹石，向钦承米壹石贰斗，俱拾肆都人，原成銮承米壹石贰斗伍升，陈玄、冯观受、陈世清承米壹石贰斗，罗仲英承米壹石贰斗，又佥成开肆承米捌斗。

一户朱观童，市壹啚人，原额挑贩课米壹石贰斗。

一户谭敬得，市贰啚人，原额挑贩课米壹石贰斗。

一户张春，叁拾伍都人，原额承课米陆斗。

后港壹处

库甲：

一户汪受拾，星子县归厚坊人，原承佃都昌县后港捌拾汊水名湖池，课米捌拾石，分编头户贰名，每名该米肆拾石。

贴户：

一户何成关，叁拾肆都人，原额课米壹石。

一户熊童新，叁拾叁都人，原额课米壹石贰斗。

一户周奂，贰拾玖都人，原顶绝户刘宏叁荡鰕课米捌斗。

一户向荀儿、伍仕儿，肆拾壹都人，正统贰年顶绝户方华肆荡鰕课米壹石肆斗肆升。

一户何玉兰、玉岩，叁拾肆都人，原分承老户何邻课米柒斗贰升。

一户向友，肆拾壹都人，原额荡鰕课米壹石捌斗，佥叶番得、叶景贤、杨荣、汪允真承课米玖斗。

一户李钺，肆拾壹都人，原额荡鰕课米壹石捌斗。

一户何胜，叁拾肆都人，原额密网课米贰石，佥何仆共承。

库甲：

一户汪受拾，星子县归厚坊人，原承佃都昌县后港捌拾汊，水名湖池课米捌拾石，分编头户贰名，每名该米肆拾石。

贴户：

一户余乞儿，贰拾玖都人，原课米壹石。

一户胡胜，贰拾玖都人，原额课米壹石。

一户王友文，贰拾玖都人，原课米壹石伍升。

一户余志受，贰拾玖都人，原额课米叁石。

一户刘清，肆拾壹都人，原额课米壹石捌斗。

一户范辛得，叁拾贰都人，原承外公郭彦祥课米柒斗。

一户熊立，肆拾壹都人，原额课米壹石。

一户江佛得，肆拾壹都人，成化贰拾叁年顶绝户陈停课米肆斗。

一户何连秀，叁拾肆都人，原分承老户何荣肆课米肆斗。

库甲：

一户袁能，拾捌都人，原顶绝户王选旋网课米壹石捌斗。

贴户：

一户谭敏，拾捌都人，原额旋网课米叁石陆斗，弘治拾壹年佥饶济安承课米玖斗。

一户谭潮，拾捌都人，原额课米陆斗。

一户袁陶受，拾捌都人，原额旋网课米壹石捌斗。

一户袁尚，拾捌都人，原额课米壹石捌斗，佥刘中承米肆斗。

一户石继，拾捌都人，原额旋网课米壹石捌斗，佥谭亥生抵承。

一户彭佛保，拾捌都人，原顶绝户石辛得课米玖斗。

一户吴存柒，拾捌都人，原额课米玖斗。

一户李寄受，叁拾伍都人，原额旋网课米壹石捌斗。

一户汪始儿，叁拾伍都人，原额爬网课米壹石捌斗，佥本都陈乞得、陈旭共承。

一户何邻，叁拾肆都人，原额课米壹石零玖升。

一户丁玉，叁拾肆都人，原额荡鰕课米壹石捌斗，佥本都李道林、但良、夏政浪共承。

一户何铭，叁拾肆都人，原额荡鰕课米捌斗，户丁何玉奇承米肆斗。

一户张邵宗、邵义、冯文，俱贰拾陆都人，原额爬网课米壹石捌斗，冯文内分承米叁斗，另立壹户办课。

一户李敬，叁拾肆都人，原额课米壹石，分烟户丁李汉承米肆斗。

一户夏富贵，叁拾肆都人，原顶绝户课米伍斗。

一户杜云，叁拾贰都人，原额旋网课米壹石捌斗，户丁杜檀保内分承米陆斗。

一户李乞得，叁拾贰都人，原分承老户李彦捌课米陆斗。

一户杨荣，叁拾贰都人，原顶绝户王宗课米陆斗。

一户郭浒，即郭汉，原顶绝户汪福柒课米捌斗。

一户郭清，叁拾贰都人，原分承老户郭彦祥课米肆斗。

一户谭隆得，贰拾陆都人，原顶绝户吴庆陆百袋网米壹石。

一户冯文，贰拾陆都人，原分承张邵宗名下课米叁斗。

一户谭敏受，贰拾陆都人，原额爬网课米，弘治拾壹年佥谭伟、姜黑儿内共承米伍斗，余米伍斗自纳。

一户李暹，叁拾伍都人，原额旋网课米壹石捌斗，户丁李顺内承米陆斗，另立壹户办课。

一户郭康，叁拾叁都人，原额荡鰕课米壹石叁升。

一户周习，叁拾叁都人，原额爬网课米壹石。

一户石通真，叁拾叁都人，原额课米壹石。

一户黄简（即黄旸）、黄琢、黄虎智、黄崇兴，俱叁拾叁都人，原额课米壹石。

一户何关得，叁拾肆都人，原额爬网课米壹石。

一户吴闰，叁拾肆都人，原额课米壹石，户丁吴锦、吴钩共承。

一户徐受，叁拾叁都人，原额课米贰石肆斗，户丁徐叔玲内承米壹石。

一户石善得，叁拾肆都人，原额课米壹石捌升。

一户谭森，贰拾陆都人，原额旋网课米壹石捌斗，户丁谭玘承米叁斗。

一户詹隆，叁拾壹都人，原额旋网课米壹石捌斗。

一户侯乞弟，贰拾玖都人，原顶绝户刘宏叁课米玖斗。

一户刘谦，肆拾贰都人，原顶绝户徐童受课米壹石叁斗。

一户向福祖，贰拾玖都人，原顶绝户刘宏叁荡鰕课米肆斗。

一户游成，叁拾肆都人，原额课米壹石贰斗。

一户何荣肆，叁拾肆都人，原额荡鰕课米捌斗。

一户向迁，即向仕明，贰拾玖都人，原额旋网课米壹石捌斗，户丁向得虎承米陆斗。

一户向祥敬，肆拾壹都人，原额课米捌斗。

一户吴秀，叁拾贰都人，原额课米壹石捌斗，弘治贰拾叁年佥周濂承米玖斗，又熊克昇内承米玖斗。

一户陈邦受，叁拾贰都人，原额课米壹石捌斗，佥石乞得抵承。

一户秦忠，肆拾壹都人，原经纳徐童受课米叁斗。

库甲：

一户曹庆，贰拾肆都人，原额旋网课米贰石。

贴户：

一户余良得，贰拾玖都人，正统贰年顶绝户余阿谭课米壹石捌斗。

一户吴远，叁拾贰都人，原额课米伍斗。

一户余玄荣、谭政、李祥，弘治拾壹年顶绝户甘长课米壹石贰斗。

一户王迪，叁拾都人，原额课米叁石陆斗。

一户余裕，叁拾伍都人，原额旋网课米壹石捌斗。

一户石臭儿，拾玖都人，原顶绝户石辛得课米陆斗。

一户万腊得，叁拾叁都人，原额课米贰石肆斗。

一户吴昌荣，叁拾肆都人，原额荡鰕课米壹石捌斗。

一户黄名得，拾捌都人，原额旋网课米壹石捌斗。

一户何伏弟、何宗辉，叁拾肆都（人），原分承老户何荣肆课米陆斗。

一户张旭，叁拾贰都人，原顶绝户王宗柒课米陆斗。

一户李荣，叁拾贰都人，原顶绝户王宗柒课米陆斗。

一户余秀得，贰拾玖都人，原额旋网课米壹石捌斗。

一户余方，贰拾玖都人，原额课米壹石。

一户郭受孙，叁拾贰都人，原顶承李彦捌课米叁斗伍升。

一户陈檀保，叁拾贰都人，原顶李彦捌课米叁斗伍升。

一户杨保玉，叁拾贰都人，原额爬网课米壹石捌斗。

一户吴宗，叁拾都人，原额课米壹石捌斗。

一户谭教化，贰拾陆都人，原顶绝户谭成爬网课米壹石。

一户余日新，叁拾伍都人，原额爬网米壹石。

一户王酉儿，叁拾叁都人，原顶绝户魏昪课米壹石陆斗。

一户余会，贰拾玖都人，原额旋网课米壹石捌斗。

一户石受，贰拾陆都人，原额爬网课米壹石。

一户高辰，贰拾陆都人，原额课米柒斗。

一户胡琏，叁拾壹都人，原额旋网课米壹石捌斗。

一户高细生，叁拾伍都人，原额爬网课米壹石捌斗。

一户黄善，贰拾陆都人，原额课米壹石捌斗。

一户吴福生，拾捌都人，原顶绝户吴安课米玖斗。

一户李顺，叁拾伍都人，原分承老户李暹课米陆斗，又并本都李庆朋纳。

一户郭子仙，叁拾贰都人，原分承老户郭彦祥课米叁斗。

一户郭长受、郭案，叁拾贰都人，原供认承老户郭彦祥、户丁郭宣课米肆斗。

一户胡满住，贰拾玖都人，原额旋网课米壹石捌斗，成化贰拾叁年佥刘贵昌、李文质、吴养弟共承。

一户屈秀，叁拾肆都人，原额课米伍斗。

一户鲍宜受，叁拾肆都（人），原额课米壹石捌斗，今收回石成祖米。

一户叶玄用，（缺文）拾壹都人，原额课米壹石捌升。

一户程继习，叁拾壹都人，原额旋网课米壹石捌升。

一户黄玄祖，叁拾叁都人，原顶绝户魏昇课米陆斗。

一户龚茂轻，叁拾伍都人，原额旋网课米壹石。

一户徐瑞，叁拾伍都人，原额旋网课米壹石。

一户刘清，叁拾壹都人，原额课米壹石。

一户刘真生，叁拾肆都人，原额课米壹石。

一户向郁，叁拾贰都人，原顶绝户刘宜课米壹石捌斗。

一户冯昇，叁拾叁都人，原分承老户冯辛得课米捌斗。

一户蹇阿刘，柴棚人，原额爬网课米柒斗。

一户陈观保，柴棚人，原额爬网课米柒斗。

一库甲计柒拾陆户，据告查照，挨次轮流，每贰户征解课钞壹次。

一户余长，叁拾柒都人，原额课米贰石肆斗。

一户陈仁、陈义，叁拾柒都人，原额课米贰石肆斗。

一户龚昭，叁拾柒都人，原额课米贰石肆斗。

一户周先，叁拾柒都人，原额课米贰石肆斗。

一户傅用，叁拾肆都人，原额课米壹石。

一户袁清，叁拾肆都人，原额课米壹石。

一户陈来，叁拾叁都人，原额课米壹石。

一户锺常，叁拾叁都人，原额旋网课米壹石叁斗。

一户锺戊生、李彦，肆拾壹都人，原额课米壹石肆斗肆升。

一户杜昇肆，肆拾壹都人，原额课米捌斗。

一户凃晚生，肆拾壹都人，正统贰年顶绝户方华施荡鰕课米壹石。

一户包寅受，肆拾壹都人，正统贰年顶绝户方华施荡鰕课米捌斗，佥黄洪承米叁斗。

一户鲍贵，叁拾肆都人，原额课米陆斗。

一户郭彭受，叁拾肆都人，原额课米伍斗。

一户向显，叁拾伍都人，原额课米壹石捌斗。

一户高长受，叁拾伍都人，原顶绝户高宗叁课米壹石。

一户余祥，叁拾伍都人，原额课米壹石。

一户（缺文）浒，叁拾肆都人，原额课米壹石叁斗。

一户傅祥，肆拾壹都人，原额密网课米贰石，户丁傅细矛、傅常清、傅显承米壹石，外甥陈瓒承米伍斗。

一户董祥，肆拾壹都人，原额课米贰石。

一户孙淏，叁拾叁都人，原额荡鰕课米壹石捌斗，户丁孙庆承米陆斗，孙太承米陆斗，孙明承米陆斗。

一户周正、周斗生、李始得，俱叁拾叁都人，原顶替黄玄祖、绝户魏昇课米陆斗。

一户袁仲甫，拾玖都人，原额旋网课米壹石。

一户谭兴祖，拾捌都（人），原顶绝户石辛得课米玖斗。

一户段寅，叁拾伍都人，原额课米壹石捌斗，分户丁段仁松承米陆斗。

一户王文净，贰拾玖都人，原课米壹石伍升。

一户何福童，叁拾肆都人，原顶绝户甘长课米玖斗，佥本都周福祯共承。

一户刘福周，即高辛得，叁拾肆都人，原额荡鰕课米壹石捌斗。

一户张仕敏，肆拾壹都人，成化贰拾叁年顶绝户课米壹石，状告张仕敬承米肆斗。

一户秦佐，肆拾壹都人，正统贰年顶绝户李英课米壹石。

一户谭福得，贰拾陆都人，原额旋网课米贰石。

一户黄保受，贰拾陆都人，原顶绝户黄全课米柒斗。

一户龚真，叁拾柒都人，正统贰年顶绝户方华肆课米柒斗贰升。

一户余洪，叁拾柒都人，原额课米壹石捌斗。

一户常乐寺僧，叁拾柒都人，原额课米贰石肆斗。

一户朱璁，叁拾柒都人，原额课米壹石捌斗。

一户汪贤，肆拾壹都人，原额课米贰石，弘治拾壹年佥本都周瓒、王仁共承前米。

一户李亥生，肆拾壹都人，原承认杜昇肆课米捌斗。

一户陈臻，肆拾壹都人，原顶绝户徐童张课米肆斗。

一户傅始儿，肆拾壹都人，原顶绝户徐童受课米叁斗。

一户王寅得，肆拾壹都人，原经纳徐童受课米柒斗。

一户熊庚孙，肆拾壹都人，正统贰年顶绝户熊和荡鰕课米叁（缺文）。

一户王寅孙，肆拾壹都人，原顶绝户熊和荡鰕课米伍斗。

一户郑尚，肆拾壹都人，原额荡鰕课米壹石捌斗，成化贰拾叁年佥本都江渊承米贰斗，佥向志安承米陆斗。

一户陈荣宗、苏贤、陈买孙，俱叁拾壹都人，原顶绝户詹琼课米壹石捌斗。

一户秦志清，叁拾壹都人，原顶绝户朱尚课米壹石捌斗。

一户黄德，叁拾肆都人，原额旋网课米壹石捌斗，弘治拾壹年佥熊任生承。

一户向林、向洪，叁拾柒都人，正统贰年顶绝户谭才课米壹石贰斗。

一户傅昌，肆拾壹都人，成化贰拾叁年顶绝户徐童受课米肆斗。

一户王镇，肆拾壹都人，成化贰拾叁年顶绝户陈停课米贰斗。

一户蔡释真，肆拾壹都人，原纳户蔡释成化贰拾叁年顶绝户徐童受课米壹石贰斗。

一户王义祥，肆拾壹都人，原额课米陆斗。

一户詹胜、杨伕得、伍康，俱叁拾捌都人，正统贰年顶绝户锺受大网课米贰石陆斗。

一户丘赵孙，肆拾叁都人，正统贰年顶绝户王全草网课米贰石陆斗。

一户伍庆，叁拾捌都人，正统贰年顶绝户周宁肆草网课米贰石壹斗伍升。

一户李兴，叁拾陆都人，原额草网课米肆石叁斗。

库甲：袁嘉、殷兴

一户袁嘉，拾捌都人，原额白尾港、花山汉、石涧汉课米叁石壹斗玖升。

一户殷兴，肆拾叁都人，原额白尾港、花山汉、石涧汉课米叁石壹斗玖升。

贴户：

一户汪渊，肆拾壹都人，原顶绝户曹伟白尾港、石涧等汉课米叁石壹斗玖升。

一户王礼，叁拾捌都人，原额白尾港课米，叁石壹斗（缺文）。

一户陶崇，绝，原佥肆拾贰都刘琏玉顶承白尾港课米叁石壹斗玖升。

一户刘意，绝，佥肆拾贰都人夏时信、肆拾叁都陈刚、贰拾陆都黄江，原共顶绝户刘意白尾港课米肆石壹斗玖升。弘治拾壹年黄江状告，佥叁拾捌都李仲庆承米玖斗肆升；冯旭承米伍斗伍升贰合；肆拾壹都人李琼承米陆斗，并弟李林共户；又叁拾捌都杨仲鉴承白尾港堰，课米陆斗；陈杰九承米捌斗；陈伯宽承米伍斗伍升贰合，嘉靖元年加安义九姓渔户课米玖升捌合。

一户陈添树，肆拾贰都人，原额白尾港、苍山、石涧汉课米叁石壹斗玖升，又大网课米壹石、百袋网课米陆斗贰升，查府卷今册具并壹处办课。

一库甲计壹拾叁户，据告每户轮流征解课钞壹次。

一户秦恢、姜胜，并周孝关、宛福生、胡童得、吴善庆、黄卯得、胡仲仁（即胡伦）、胡兰，查供卷分豁袁演，查府卷供系袁嘉户丁，俱叁拾捌都人，系原额共承佃水名沙港及腹内土墙湾汊，共课米壹拾石，各户朋登本港课米；秦恢今供户丁秦柏，姜胜今供户丁姜玉。

一户谢玉真，叁拾捌都人，正统贰年顶绝户高英保、方玄草网课米贰石伍斗。

一户陈简，今供户丁陈崇，叁拾捌都人，里长万灿见住白尾港，原额草网课米贰石陆斗。

一户雷全，叁拾陆都人，正统贰年顶绝户高英保草网课米贰石壹斗。

一户余孝孙，叁拾捌都人，正统贰年原顶绝户周兴贰签雷网课米玖斗。

一户张子真，叁拾陆都人，原顶绝户吴安童课米贰石。

一户胡廷杰，贰拾肆都人，正统贰年原顶绝户屈添叁草网课米贰石陆斗。

一户吴关得，户丁吴柏，叁拾捌都人，正统贰年顶绝户吴英成荡鰕课米壹石捌斗。

一户吴荣太，叁拾陆都人，正统贰年顶绝户余仁草网课米壹石柒斗壹合叁勺。

一户戴华演、戴得用，叁拾陆都人，嘉靖拾捌年供顶承绝户王佛得、周宁肆草网课米贰石壹斗伍升壹合。

一户周添孙，今供户丁周简、周从正，叁拾捌都人，里长万璨、邵全仁，见住报恩寺、湖州山，原顶绝户杨名，签雷网课米贰石贰斗壹升。

一户周足孙，今供户丁周汉、周淮孙，叁拾捌都人，里长吴惠，见住黄茆岭，正统贰年顶绝户锺兴草网课米壹石柒斗伍升，又并周琼原顶绝户课米壹石壹斗，共并课米贰石捌斗伍升，查供出陶铁关另立壹户。

一户李重海，肆拾壹都人，正统贰年原顶绝户余受得大网课米贰石。

一库甲计陆户，据告每户轮流征解课钞壹次。

一户汪昇陆，叁拾陆都人，原额草网课米伍石伍升，又百袋网课米贰石贰斗伍升。

一户邵进孙，即邓进，肆（缺文），原额草网课米伍石贰斗，又签雷网课米贰石贰斗，嘉靖拾壹年黄册拨过叁拾伍都。

一户郭铁得，叁拾捌都人，今供户丁郭时先，里长杜克宏、甲首见住潭子口，原顶绝户汪福柒草网课米叁石伍斗，续佥郭仕成、傅江，查户丁傅万广、郭方得状诉在卷，不系课户，照案查明。

一户王伟政，叁拾陆都人，正统贰年顶绝户高英保、方玄草网课米贰石叁斗。

一户锺添得，叁拾陆都人，原额草网课米肆石陆斗，签雷网课米贰石贰斗，嘉靖拾壹年黄册拨过叁拾伍都。

一户郑受肆，叁拾陆都人，原额草网课米肆石叁斗，本都陶澄受内分承课米柒斗。

左蠡壹处

一库甲据告查照旧例，挨次轮流，每贰户朋征课钞壹次。

一户沈孟良，户丁沈宣，左蠡人，原顶绝户罗长成课米贰石柒斗壹升陆合。

一户王壹，即永宁，户丁王祥，左蠡人，原额手罾课米壹石捌斗。

一户郭仁轻，左蠡人，原额手罾课米壹石捌斗，弘治拾壹年又并男郭仕进课米陆斗伍升。

一户王友忠，即彦邦，户丁王显宗，原顶绝户罗长成课米贰石柒斗壹升陆合，又百袋网课米壹石叁斗陆合。

一户雷细毛，左蠡人，正统贰年顶绝户汪秀久百袋网课米叁石壹升陆合柒勺。

一户邓广，户丁邓文昌，左蠡人，原顶绝户汪仁陆大网课米贰石叁斗。

一户黄（缺文），户丁黄金章，左蠡人，正统贰年顶绝户吴昭伍大网课米贰石柒斗伍升。

一户吴进贰，左蠡人，原额课米叁石贰斗，吴从太分承（缺文）。

一户杨满住，户丁杨来兴，左蠡人，正统贰年顶绝户汪秀（缺文）袋网课米叁石捌斗壹升陆合陆勺。

一户李春受，即李英，户丁李住儿，左蠡人，正统贰年顶绝户汪胜大网课米贰石伍升，又佥户丁李文端承百袋网课米壹石壹斗。

一户李壹，户丁李受，左蠡人，原挑贩米壹石贰斗。

一户刘恭，即文聪，户丁刘实，左蠡人，正统贰年顶绝户余安大网课米壹石陆斗陆升陆合伍勺。

一户李得成，户丁李仕安，分承大网课米贰石壹斗陆升陆合壹分，李仕端承课米贰石壹斗陆升叁合壹分，李仕贵分承课米贰石壹斗陆（缺文）。

一户陈乞住，左蠡人，正统贰年顶绝户陈玉爬网课米陆斗。

一户丁舍得，左蠡人，原顶绝户吴云贰百袋网课米壹石。

一户沈玉环，户丁沈细牙，左蠡人，原顶绝户张成伍大网课米壹石捌斗贰升伍合。

一户王谦，左蠡人，原顶绝户余安大网米壹石陆斗陆升陆合。

一户张闰得，左蠡人，正统贰年顶绝户周宗百袋网课米贰石捌升，又大网课米贰石壹斗柒升柒合。

一户陈生得，左蠡人，正统贰年顶绝户陈昌爬网课米捌斗。

一户王潮陆，即部壹，户丁王绍葱，原顶绝户吴庆百袋网米壹石捌斗。

一户熊济，即汝英，左蠡人，原额课米玖斗。

一户杨允成，户丁杨得高，正统贰年顶绝户李亨课米玖斗。

一户夏成祖，左蠡人，正统贰年顶绝户李亨课米其斗。

一户张住孙，户丁张鍏，左蠡人，正统贰年顶刘得手罾米（缺文）斗。

一户汪（缺文），户丁汪忠、汪全，左蠡人，原额挑贩课米壹石贰斗。

一户梁叁，户丁梁丰，左蠡人，原顶绝户挑贩课米壹石贰斗。

一户李保得，户丁李显宗，原额挑贩米壹石贰斗。

一户锺友亮，户丁锺本荣，左蠡人，原顶绝户吴云贰米捌斗，（缺文）名锺友亮，佥户丁锺伯课米柒斗，徐万虎米叁斗。

一户卢道保，户丁卢寄真，原额挑贩米壹石贰斗，佥殷仲祥共承。

一户李辰孙，左蠡人，正统贰年顶绝户罗长大网课米贰石壹斗柒升陆合伍勺。

一户张福贰，户丁张海，原额挑贩米壹石贰斗，系左蠡人。

一户曹仲明，左蠡人，原顶绝户吴庆百袋网课米壹石捌斗。

一户刘仁，左蠡人，原额手罾课米壹石捌斗。

一户马福，即马浒，左蠡人，顶绝户张成伍大网米壹石捌斗贰升伍合。

一户余乞孙，户丁余均浒，左蠡人，顶绝户汪陶受、吴昭大网课米壹石贰斗柒升。

一户陈陶保，即寄忠，左蠡人，正统贰年顶绝户周宗大网课米贰石贰斗。

一户陈兴肆，左蠡人，原额手罾课米壹石捌斗。

一户张满得，左蠡人，正统贰年顶绝户余长叁爬网课米肆斗，又淘河渎课米贰石柒斗伍升。

一户熊友弟，系左蠡人，原额顶承本镇杨真得、周兴叁大网课米肆石壹斗。

一户刘叁，左蠡人，原额承大网课米肆石一斗，又承百袋网课米叁石捌升。

肆拾贰叁都课户：

一库甲据告查照旧例，挨次轮流，每贰户朋征课钞壹次。

一户邵得，肆拾贰都人，原额密网课米壹石叁斗叁升。

一户乔满生，户丁乔玉真，肆拾贰都人，原顶绝户吴天保百袋网课米壹石叁斗捌升肆合。

一户江（缺文），户丁江哲芸，肆拾贰都人，原顶绝户陈孟芳、桑孟德课米贰石叁斗，又并江关得顶绝户於秀贰课米壹石伍斗捌升。

一户吴日、余明，俱肆拾叁都人，原额绝户吴明叁大网课米贰石伍斗伍升，余明内承米壹石。

一户熊礼、郑俊、郭昆、张子行，俱肆拾贰都人，正统贰年顶绝户熊秀贰、陈曾得大网课米肆石壹斗。

一户杨瓒，户丁杨本清，肆拾叁都人，原额百袋课米壹石捌斗，佥杨长孙共承。

一户熊寅得，肆拾贰都人，正统贰年顶绝户吴祥贰百袋网课米壹石捌斗贰升。

一户熊真得，肆拾贰都人，正统贰年顶承绝户吴文孙大网课米壹石叁斗伍升。

一户沈羊孙，户丁沈铎，肆拾贰都人，正统贰年顶绝户吴真肆大网课米贰石。

一户李保安，肆拾贰都人，正统贰年顶绝户周福叁大网课米叁石陆斗伍升，又百袋网课米壹石捌斗贰升伍合，佥本都为婿熊牙得、熊太清共承前米。

一户陈胜安，户丁陈玉成，肆拾贰都人，顶绝户郭名挑贩米壹石。

一户周任孙（即周宗）、始得，俱肆拾贰都人，顶绝户陈孟芳、桑孟德课米贰石陆斗壹升柒合。

一户周闰孙、周清，户丁周松，肆拾贰都人，原顶绝户陈孟芳、桑孟德百袋网课米壹石贰斗陆升柒合，佥石旃承米陆斗叁升叁合。

一户吴钩，户丁吴日、余明，俱肆拾贰都人，原顶绝（缺文）大网课米贰石伍斗伍升，余明内承米（缺文）。

一户帅大经，即帅昌，肆拾叁都人，原额课米壹石（缺文）。

一户许（缺文）亮，肆拾叁都人，原顶绝户吴保柒百袋网课米壹石捌斗贰升。

一户方荀得（即方锦）、方镇，肆拾叁都人，原顶绝户刘善肆、（缺文）壹大网课米壹石贰斗贰升。

一户帅机，今供户丁帅洪，肆拾叁都人，原顶绝户（缺文）於长壹百袋网课米壹石捌斗贰升，又并帅洪原顶绝户周乞住百袋网课米陆斗。

一户马任，肆拾叁都人，原顶绝户杨显生大网课米贰石玖斗贰升贰合。

一户李牛儿，即方政，肆拾叁都人，正统贰年顶绝户吴进叁百袋网课米叁石伍斗伍升。

一户李再兴、丘希，户丁李奇、丘景明，俱肆拾叁都人，原顶绝户吴清保大网课米壹石伍斗伍升。

一户石伯章，肆拾叁都人，原顶绝户张辰生百袋网课米壹石壹斗。

一户陈睡，肆拾叁都人，原额淘河渎课米贰石柒斗，又爬网课米捌斗。

一户胡春、余友忠，户丁胡忠、余玉才，肆拾叁都人，原顶绝户余应百袋网课米壹石叁斗壹升。

一户帅敬，户丁帅珊，肆拾叁都人，原顶绝户吴云贰百袋网课米壹石柒斗伍升。

一户许毛得，即尚礼，户丁许世锦，肆拾叁都人，原顶绝户严伸弟大网课米壹石叁升叁合。

一户王妹儿，户丁王全，肆拾贰都人，正统贰年顶绝户熊秀叁大网课米壹石。

一户张远春，户丁张鳌，肆拾叁都人，原顶绝户邹立百袋网课米壹石贰斗壹升柒合。

一户曹巳宁，肆拾贰都人，正统贰年顶绝户吴祥（缺文）斗贰升。

一户（缺文）金，肆拾叁都人，原顶绝户吴清、蔡玉儿大（缺文）米壹石伍斗，佥本都吴希通、杨巴得共承前米。

一户陈嵚，肆拾叁都人，原承纳陈万名下爬网（缺文）。

一户陈玉，肆拾叁都人，原顶绝户汪秀九百袋网课米壹石叁斗。

一户余用，即余玉，肆拾叁都人，原顶绝户石关弟手罾（缺文）壹（缺文）伍（缺文）。

一户赵道真，肆拾贰都人，正统贰年顶绝户吴清保百袋网课米壹石捌斗贰升，佥谭玄安、谭呈、户丁谭忠共承。

一户许陶保，户丁许丙真，肆拾叁都人，原顶绝户吴云贰百袋网课米壹石壹斗伍升。

一户李辰生，即毛孙，肆拾叁都人，原顶绝户吴进叁百袋网课米壹石捌斗。

一户方细安，肆拾贰都人，原顶绝户刘善肆、王太肆大网课米壹石捌斗贰升。

一户帅福祖，肆拾叁都人，原额百袋网课米贰石柒斗。

一户胡敬，户丁胡天才，在市伍啚人，原顶绝户汪秀六百袋网课米壹石叁斗。

一户江亮，即江淳，肆拾贰都人，原密网课米壹石叁斗肆升。

一户郑乞生，户丁郑贵，肆拾贰都人，原顶绝户夏辛得大网课米壹石陆斗玖升。

一户马荣，肆拾叁都人，原顶绝户吴保柒百袋网课米壹石捌斗贰升伍合。

一户廖恭，即廖全，户丁廖秀，（缺文）拾贰都人，原顶绝户於保壹大网课米壹石贰斗。

一户许关得，即许瓒，肆拾叁都人，原顶绝户吴名（缺文）斗，今供户丁许承、许行共承。

（缺文）都人，原顶绝户於保叁大网米（缺文）逊承米壹石柒斗伍（缺文）。

（缺文）米壹石捌斗贰升。

（缺文）名李茂演，顶绝户吴（缺文）贰、吴清保百袋网米壹石捌斗，又大网课米壹石伍斗伍升；（缺文）孙、李林华顶汪陶受大网课米壹（缺文）。

一户郑得用（即胡乞得）、（缺文）崇、重志，俱肆拾叁（缺文）大网课米贰石柒斗柒升。

一户夏大荣，即童得，拾捌都（缺文），原额课米壹石伍斗肆升（缺文）。

一户宋议，肆拾贰都人，原顶绝户李清课米壹石贰斗柒升柒合。

一户陈镇，肆拾叁都人，分拆淘河渎课米玖斗。

一户陈彬，肆拾叁都人，分拆淘河渎课米玖斗。

一户张苟得，肆拾叁都人，原额百袋网课米壹石伍斗。

一户胡宽，在市人，分拆淘河渎课米玖斗。

一户陈达，肆拾叁都人，原顶绝户夏玄伍百袋网课米伍斗伍升。

一户杨春志，肆拾叁都人，分承百袋网课米伍斗伍升。

一户叶陶真，肆拾叁都人，原额顶绝户杨思勉大网课米壹石伍斗贰升伍合。

一户方敬得，肆拾叁都人，原顶承绝户刘善（缺文）课米壹石贰斗伍升。

一户夏寅得，肆拾叁都人，原顶承绝户刘善肆（缺文）课米壹石贰斗贰升。

一户夏福（即童得）、茂秀，（缺文）都人，原顶承绝户吴保百袋网课米壹石捌（缺文）升伍合。

一户游逊，户丁游秉高，肆拾贰都人，原顶承（缺文）大网课米贰石。

一户吴黑（缺文），肆拾（缺文）都人，原额课米叁石。

（缺文）顶绝户戴乞儿大网课米壹石伍升。

（缺文）原顶承绝户吴祥伍大网课米叁石。

（缺文）真百袋网课米壹石壹斗柒合。

一户余（缺文）。

一户陈忠，肆拾（缺文）都人，原顶绝户（缺文）付百袋（缺文）。

一户熊着，肆拾贰都人，顶（缺文）陈乞儿大网（缺文）。

一户李潮宗，户丁李作，肆拾贰都人，原额挑贩课米陆石，今供户丁李便（缺文）原额（缺文）贩课米陆石，自愿解纳。

一户吴保陆，肆拾叁都人，原额浅水池名迁子湖壹所，坐落石榴觜，炼汊、伍谷觜、石桥坽、叁汊、芦溪坽、湖（缺文）坽、郑色坽、河营贰汊、黄荻（缺文）港湖田壹处，共课米玖石，并（缺文）；又百袋网课米叁石陆斗伍升；（缺文）吴陶保大网米壹石捌斗。共米贰拾（缺文）大网米叁石伍斗，俱告自愿解纳。

串票

（1）

本县存查

都昌县正堂胡为征收漕米事。仰花户遵照宪颁斛斗，干圆好米，赴仓交纳。今据　班　都　图七甲递年花户朱明先完纳康熙贰拾捌年分漕米贰斗陆升整，合给串票存查。

康熙贰拾　年　月　日给县一□。

元字壹百叁十壹号

（2）

本县存查

都昌县正堂胡为征收漕米事。仰花户遵照宪颁斛斗，干圆好米，赴仓交纳。今据　班　都　图四甲递年花户余兴科完纳康熙贰拾捌年分漕米叁斗陆升伍分整，合给串票存查。

康熙贰拾　年　月　日给县一□。

元字壹百叁拾柒号

（3）

本县存查

都昌县正堂胡为征收漕米事。仰花户遵照宪颁斛斗，干圆好米，赴仓交纳。今据　班　都　图一甲递年花户占章子完纳康熙贰拾捌年叁升伍分整，合给串票存查。

（缺文）

课户照票

南康府正堂为严饬清查鱼课钱粮以杜滥征事。奉江西等处承宣布政使司布政使正堂卢牌开，为照《全书》刊载课钞麻铁料银，乃系本府项下正额之款。本司先经访闻南昌府属有多征滥收等弊，恐为民害，已于一件《敬陈河泊税课等事》案内详议前事。奉总督部院批：渔课钱粮，设立照票输纳钱，课户各知实数，足以杜绝私勒侵渔等弊。具见留心民瘼，准如详行，仍候抚院批示。缴。又奉巡抚都察院批据详渔课钱粮，所书渔总，滋弊浮加，该司□设照票定数，该为剔弊良法，如详照式刊给，并勒石晓谕，永远遵行。仍候督部院批行缴，票式并发各等因到司，除行南昌府给照外等因，奉行到府，奉此合行给照。为此票给课户邹祥三，照依票内后开课米银数，每年照数亲自赴柜投纳，即取印信，收串存执为据。如有衙役、包头私填白票，混行浮派，许即指名控告，究问如律。须给照票者。

一户邹祥三，系都昌县在市人。原额（缺文）水名：原闸办矶池一所，上至龙王庙，下至石榴嘴止，东南大小矶山为界，及腹内庵前（缺文）一应在内；外额管长河，上至饶河，下至龙坑缴尾，原额课米壹百伍石贰斗陆升；内除长河，上至饶河口，下至黄金嘴止，计程拾伍里，登米贰拾伍石，与詹继夏承顶；黄金嘴起至土地庙止，计程拾里，仍属陈（缺文）四、詹禧管（缺文）。

本户实存课米捌拾石贰斗陆升，每年该课银捌两贰分陆厘；如遇闰年分，该加正银陆钱陆厘肆毫肆丝，加水脚银壹分柒厘捌毫。

康熙叁拾捌年陆月仰给

此票永远存照，不必逐年更换，如有自愿退顶，报给官立案，将票据受承纳。

租契

（1）

立租字人段圣金、赵公奭，今租到邹姓之堰，原系段、赵二姓筑坝拦水，庳荡取鱼，每年议完课银二钱四分，在后其堰不淂另租，其银不得短少。此凭。

中见人：罗公沃、赵公一、许伯红

捷如笔

乾隆拾柒（年）九月廿六日立契同前

（2）

立租字人吴云会，今租到邹解士后河清水网埠取鱼，照议完纳租良（银）五两贰钱，不得短少。此凭。

见租人：邵首善、吴营洛

代笔：吴营洛

乾隆四十三年八月初十日立租字同前

(3)

立租字人张潮宗，今租到邹解士后河清水网埠取鱼，照议完纳租银五两贰钱，不得短少。此凭。

见租人：邵首善、吴营洛笔

乾隆四十三年八月初十日立租字同前

(4)

立租字人张永泰，今租到邹解士后河清水网埠取鱼，照议完纳租银五两贰钱，不得短少。此凭。

见租人：邵首善、吴营洛

代笔：吴营洛

乾隆四十三年八月初十日立租字同前

(5)

立租字（人）刘成章，今租到邹祥三课甲名下后河潭一只，面议每年租钱贰百四十文，在后无得异说。此凭。其租钱戽潭之先送还。

见人：赵东立、刘宗荣

代笔人：黄灿英

乾隆肆拾肆年十月廿日字同前

(6)

立租字（人）王若渊等，情因祖手所租邹祥三西关外大洲头下王姓开掘暖潭壹口，年深日久，致二姓遗失凭据，因租争数。今二姓请凭公亲、户长另立租帖，每年议定租钱贰百肆十文，永远听凭王姓戽水取鱼，其租先交，其鱼后取，王姓不淂以未戽借口少租。此凭。

公亲：吴作忠、邵首善、黄选文、吴扩儒、吕锡极

户长：圣吉、茂先、联章、盘玉

王学胜笔

乾隆肆拾肆年拾壹月廿七日立租字同前

（7）

立租字人陈荣章、魏耀昭，今有相网一埠，今租到课甲邹祥三名下后何（河）清水取鱼无阻，其租照议完纳租钱千一百六十文正，议八月内送还，不得少。此凭。

见人：徐敬若、邵具六、张欣士

张茂先笔

乾隆四十五年五月初三日此凭

（8）

立租字人吴开文、圣典，今交相网一埠，今租到课甲邹祥三名下后何（河）清水取鱼，照议完纳租钱四千一百六十文，其租八月内送还，不得短少。此凭。

见人：徐敬若、邵具六、张欣士

德圣笔

乾隆四十五年五月初三日立租字同前

（9）

立租字人松古山邵又贵，张永青、克清，布网三埠，今租到课甲邹祥三课河取鱼，其租照议，完租无阻。此凭。

见租：邵首善、赵元远

张廷韶笔

乾隆五十伍年六月十四日立租

（10）

立承顶字人蕃昌公嗣孙等，所因本睦公迁房，立天保居住。

公自制税地三片，计粪七堆，又田一丘，计种半分，柴山一张。于道光廿年间，祖公去世，邀明二族理任田地之阻（租）税，以作祭扫之咨（资）。田地上粮税每年议报纳饷米一百文，蕃昌公顶受交完事，远年以来并无异说。近今恐或二族嗣孙人心不古，今立字据，以免后嗣钱粮，无马船嘴相干，在后无得异说。恐口无凭，立承顶字人存证。

见人：邹平郁，邹太纬、太英

亲笔：平理

同治八年二月十五日立承顶证

（11）

立付山字人赵备章嗣孙等情因相有邹姓坟山一所，在山坐蔡家冲口，叫名猴猪嘴。今凭户证，情愿付出，任凭邹姓另租另择，现付以后，不得登山取毛，砍（缺文）付山字存据。

付山字

见人：亲兄允碧、誉瑞，王建虎，曹奎冬，陈先升，胞兄薄琏

依口代笔：陈贤锡

（缺文）亲押

（12）

立卖契字人△△△[1]嗣孙△△、△△、△△等今因国课难度，情愿将祖遗下轮流丙年经管长河一道，上至麻泥泞，上（下）齐两河口，百项埠头以及通河百项渔利，凭公一并出卖与我祖祥三公嗣孙名下，任凭前去照年管业收租，取利无阻。当日得受纹银贰十两正入手讫，比日契价两付明白，所卖系是二意情愿，并无谋买逼勒等情，所有国课一并付出，照年归公完

① 原文即为△，下同。

纳。恐口无凭，立卖契字存据。

卖契

（13）

立拨换合同议约字人邹祥三公嗣孙等，情因我村学堂被大水浸坏，嗣孙等蹉（磋）商谈论，愿甘将公基北头东边松树园连界坐㘰（峦）拨换脚壹条与时选创造，实拨换得砖瓦若干，修补学堂。在后时选墙角，余外概是公基、公共过路，不得擅自侵占私刨，如有私行侵占情形，任凭祥三公嗣孙等万倍加罚，毋得异议；如后有诸多不逊言语，三人可证，亦是万倍加罚，确无循情事项。恐或砌筑㘰（峦）埂之时，要公共公论，不得个人起见。恐后无凭，立合同议约字两纸，各执一纸存据。

（14）

立借字人吴开文、圣典，今借到邹介士名下京钱肆千捌百文正，其钱议至七月加息，送还不少。此凭。

见人：赵东立、吴顺先

吴德圣笔

乾隆四十六年正月廿二日同前

（15）

立看山字人△△，今肩承看到近县西门外邹家嘴祥三公祖山壹所，坐落但子山，叫名猴猪嘴。该山坟墓碑牌、树木椏杪永远不准毁坏，如有毁坏等情，为看山人是问。在后树木选斫，务与山主商议。当日议定椏杪树木，三股之中，看人壹股，山主二股。外有茅脚，归为看山之资，毋得异说。恐口无凭，立看山字存据。

看山字

见人：△△△、△△△、△△△

代笔：△△

光绪△年△月△日立

诉讼文书

（1）

为情迫不已号恩速究剿强保命事。情生世管课河，屡遭松鼓山一带地方凶徒违禁私设捆钩，盗取鱼鲜。立约戒后，叠据本月初五生着小舡二只，在经管河内巡阻，防逮钩舡，张克夆等百余人将生族邹大江由吴镇卸货回空鸦尾舡上锚链物件拦河截抢，并将生巡阻小舡二只抢去。激生同约报恳究返，沐饬差拘在案。讵恶等恃众恃财，上藐王章，下欺慵懦，不惟抗抢赃不缴，反加故意放钩，拦截河道，见有生村鸦尾舡只经过，稍碍伊钩，辄即抢毁，业命两绝。泣恩前赃抢抗，后祸燃眉，生实忐忑不已，只得再哀作主，恳恩迅赐拘犯到案，究返前次抢赃给领，肃法剿除后祸，免致滋蔓戕命，（缺文）再造。迫告。

（2）

为藐断抗缴弊脱缠讼事。民祖遗课河一道，自古直（缺文）用网取鱼，收租供课，公禁不许钩取，央舡害民。前此屡被近河刁棍私用捆钩盗取，被获，立约戒后，禁约戒约，呈案星炳。今春张克夆等违禁盗取，被民撞获，反遭抢去小舡二只，并拦河截抢民族由吴镇回空舡户邹大江锚链家伙。控蒙前宪于三月念五庭讯，断令毋许钩取鱼鲜，将棍赏押，限缴抢赃给领。不期贿差掣保免脱，抗赃不缴，叠禀案下，批严差庇。切思前断甚明，棍党甚众，胆藐前断，抗抢赃不缴，捏词混渎，计图延讼。真正业不由主，只得再叩作主，恳恩调阅前断血案，电核勒差限保，迅交弊脱之张克夆、杨章顽到案，照案返赃给领，剔弊除奸，公侯万代。切告。（下略）

（3）

为违禁设钩盗殃害绝租空赔国课叩剿正业事。情生祖遗长河，岁输湖课，原赖网夫纳（缺文）。不期近有刁徒作俑，巧设捆钩，拦河取鱼，绊碍网罟，并往来客舡覆舟为（缺文）巨（缺文），以致网夫日少，租利渐绝，是以公立议约，禁止钩取。前于道光七、十等年，突有高思道等违禁钩取，控禀在案。后伊央户立约戒后，未求深究。今正王道圣等又用钩取，亦经凭公（缺文）。讵松鼓山地方刁徒张克夆等恃素强横，伙商杨章顽等百余人违禁复设捆钩，沿（缺文）来客舡受害无穷，绊碍网夫不能取鱼，尽皆缩首别艺，绝生租利。二月（缺文）舡往阻，反遭将舡抢去，并截抢经过之邹大江货舡、锚链等物，激生具禀。沐准（缺文）以夺钩闭业等谎，砌词混诉，词称伊祖父及今□生租水取鱼等语，漫谓并未（缺文）租。自古迄今，只许网取，不许生异，设钩殃舡碍网，致绝租利，坑生空赔国课。若谓生系贪（缺文）钩取者屡次央户，情愿照网取加倍纳租。生等不肯利己害人，万难曲允。又称生闭伊业，伊有何管业凭据，若不叩剿（缺文）保蔓祸胡底？抄粘禁约并钩取戒约，缕陈作主，恳恩赏拘恶等到案，集户研讯，追赃给领，法剿钩盗，除害正业，（缺文）有赖上肯。

二月初八付收。

（4）

为藐法抗缴恳恩限返事。情遭刁棍张克夆、杨章顽等违禁设钩盗取生等课河鱼鲜，并强抢巡阻小舡二只及邹大江回空客舡锚链等项一案，前月念五日，蒙恩当堂讯明，将棍管押，限缴抢强。讵棍等恃素刁狡异常，抗赃不缴，坑陷生族。邹大江驾舡营生，锚、链、篙、桨被抢，不能撑驾，无以资生，合家啼饥，情迫倒悬。亟叩大父师作主，恳恩迅赐勒限，比返抢赃给领，以活生命。戴德上叩。

四月初三进状。

初九日出批：张万选该处如果不禁钩取，尔等何致不时被讹抢钩？讯未承认，毋庸率请饬追，着将舡只家伙缴给，听候讯。释邹峄，并发唐宪。

二月廿五讯：管押张克夆、杨诏正，提限押缴舡只、锚链家伙，件件要缴。至四月初十日，私行取保，将二人释放。

（5）

为临期抗审察弊比拘事。情遭刁棍张克夆、杨章顽等违禁设钩，盗取生等课河鱼鲜，殃舡碍网，绝生租利，空赔国课，并遭强抢生族邹大江舡物及生族巡阻小舡二只。均经叠次禀求，沐准差拘，已蒙悬牌示期，三月廿五日午堂审讯。生等已邀户约报候至今。讵棍等临期不到，贿差庇搁不拘，坑生空候无期。且棍连日在河盗取鱼鲜，势莫敢阻，阻必遭殴，恐酿巨祸。情迫汤火，只得亟叩大父师作主，恳恩察弊除奸，迅赐比差，限拘棍等到案，审讯究剿，正业杜祸，祖孙共感。切禀。

唐主进。

（6）

为禀明查究事。缘松孤山网户张成九、吴开文、杨仪生、戴敬一等，于本月廿七日下午，在矶山汛下岸泊舡收网。有邹介士等与松孤山网户取讨河租，两相角口，通众拥入汛房。目不知其情，只见喊扭撕打，（缺文）难开，挤倒汛房门壁，打碎家伙，见势不骇，恐伤生命，摒救拉散。据邹介士口称向松孤山网户取讨河租完课，已蒙宪断，不遵立书租帖等语，目等劝散。切营汛防守要地，屡蒙岁修，于今隆冬被伊打倒，虽以栖身防守，只得将此缘由禀恳宪台，俯赐查究。迫切上禀。

（7）

为恳恩追舡给领营生事。情民与族弟民江合驾鸦尾舡生理，可以装载百数十担。本年七月，共祖祥三公嗣孙民绍等租赁民舡并家伙物件俱全，撑往矶池，防窃盗取池鱼。议定租钱十六千文，至十月间水涸取鱼完毕，将舡交还，民收揽载客货营生。不期于九月二十一夜，被窃余忠任等窃取池鱼，杀伤防窃之人，复将民舡抢去，将防窃人等衣被及舡上家伙罄搬一空，将民舡只拖在矶山岸上石地，搁穿舡缝。今租期届满，坑民无舡营生，只得奔叩廉明作主，恳恩赏准差拘余忠任等到案，押将舡只修舱完固，缴案给领，以活生命。万感上告。

被告：余忠任、忠语等

乡约：汪文连

告状：邹民艮

九月十（廿）一日，府寓所进本县主。

（8）

为聚会窃取械杀伤危叩验剿究事。情民与陈、詹（缺文）姓承管祖遗课湖长河，从前因被放钩取鱼，有碍行舟，并阻碍网埠滋祸。公同议禁以来，幸无窃取并控讼在案。不期今年突有棍徒用钩，夜则窃取鱼鲜，日则持械放缆强取，以致往来行舟受害，网鱼之户搁不纳租，坑民赔课，民畏其凶，又不敢与敌。本月廿一夜半，民族邹太密等在矶池湖口防守窃取池鱼，讵有用钩窃取，鱼舡十余只，各持枪棍，蚁聚而来，放钩窃取民矶池内鱼鲜。比时喊阻，竟遭伊十余舡共有百余人各持枪棍等防守之△△△△△△△△△△七人杀伤，血淌不止。奈黑夜不知凶首姓名，伤攻命危，旦夕难保。以此聚会窃取，持枪凶杀，情毒已极。只得抬叩作主，恳恩验录，当堂赏签，锁拿余、查、王各姓凶犯到案，追缴凶器，按法研鞫，剿强除窃，正业保命杜祸。上告。

受伤人：邹太密、民敦、民厚、民悦、大拱、民制、民盛

被告：余忠任、查普振、王道修等

乡约：汪文连

告状：邹民绍、太和、民协、太浪、民利

十八年九月廿二日告。

比即当堂出签拘犯，随奉挂牌批示：批伤均验明，准即签拘余忠任等讯究。伤供单附，约禀并发。

（9）

为杀后复抢捉禁勒书迫号急究事。情民姓管业之矶池一所，坐落大小矶山，岁纳课米数十余石，惟赖此池。每年冬间，水退取鱼，供课活生。所以每年自七月起，赁舡备带食费衣被，在彼防守窃取池鱼，其三姓轮管之长河各处。今年亦值民姓管业纳课，前于道光七、十年暨十三年被高、杨、张各姓作俑设钩，窃取鱼鲜，讼经各前主断令，永远毋许钩取在案，伊又立有戒后，字据星炳。今年七月起，民照旧赁舡，轮着邹太密等在矶池防守，殊余、查、王各姓十余舡，百有余人，恃强设钩，强窃两横，胆于本月廿一夜半，各持枪棍窃取池鱼，反杀伤多人。昨晨抬沐验录，赏签拘凶，讵愈触威，遭余忠宇等多人将看守大防舡一号，连人及食费、衣被并小舡二只，先将货物、衣被强抢一空，并将守舡之邹太沼、太加、民禄捆缚禁拷，各受重伤。又勒书被抢单一纸，不许照实全开，于今早始行释放。似此既杀复抢捉禁勒书，王法安容？只得开粘抢单，奔号作主，恳恩验录，按追抢赃给领，肃法究办。哀切上禀。

被告：余忠任、王成康、余忠宇、查普振

告状人：邹民绍，年五十六岁；邹太沼，年四十四岁

九月廿三进。

廿四日早悬牌奉批：是否余忠任等复行抢殴，殊属凶顽。现已差拘，着各将伤痕医痊，听候集讯究断。粘单回验，单附。

（10）

正堂曹为差集讯究事。据邹民绍等具控余忠任等窃取池鱼喊阻被将邹太（缺文）殴伤等情到县，据此当经验明录供，附卷并签拘去后，旋据刘孔嘉等以邹民绍等（缺文）取埠租不遂，纠众殴抢等情互控，又经验伤，录供附卷，除各词批示外，合行拘讯。为此，此仰原役前去协同户约，即饬双方各将伤痕迅速医痊，分别拘传。后开有名人等，刻日齐集赴县，以凭讯究去后，毋得玩延干咎。速速。

计开：

被告：余忠任、王道修、查普振

告状：邹民绍、太和、民协、民悌、太让

受伤：邹太密、民惇、民后、民盛、太拱、民悦、民志

乡约：汪文连

互被：邹民绍、民立、民协、民俊、太和、太浪

户证：余锡圭、黄绍修、邵韵和、王颖水、王宏烈

互控受伤：王成康，刘祖起，余忠禄，艾耀宗、耀栋，王成南、成志

互控：刘孔嘉、余忠语、查普振、王道修

十八年九月廿五日，差邵显、侯标、李升、陈安、王金、吴锦。

（11）

告状人余忠语、查普振、王道修等为忤索架窃备陈原委俯原斧究事。情民住居湖边，地名中堡，每年秋后水涸，俱在占、陈、邹轮管之长河内租埠网鱼。今岁，长河轮该邹姓业受，其埠租已照新增每舡纳租一千二百文。突有邹民绍陡索民等□不网鱼清水埠租。民以清水埠在内河，邹姓独管矶池在北，而长河乃外河老港，离矶池五里，毫不混淆，民既不在清水埠取鱼，邹姓自不得违索未网租利。据情论理，占、

陈各课户佥称属是，殊忤其索，胆于二十一夜纠凶百余，分驾小舡，装运器械，径赶长河，围住民舡，逻捉乱殴，并阵抢舡只钱物，民已粘单报验在案。讵伊抹索实情，诬架窃取池鱼等谎。切民既在矶池取鱼，何殴抢之处？又在（缺文）。

（12）

告状邹民绍为栽赃架抢恳恩速究以彰德政事。切余忠语等纠众设钩，盗取民课湖、课池鱼只，杀伤防窃多人，复又抢去舡只、衣被等项。开单报案，伊乘法宽，未即押追，反敢装伤架抢，搪抵弄捏民抢伊钱三四十千文之多，漫谓伊等所窃之鱼系装往吴城及县市发卖，钱尽归忠语一人汇总，即或鱼在河干售卖得钱。伊等俱系住靠湖岸，离家不过数十步之路，焉有不将钱文存家而带钱数十千文竟于夜半赴民矶池窃鱼之理？孰料伊故意将渔舡两只存在池内，民家有受伤未倒者，愚不防奸，果随顺便撑泊西门河岸边，即邀约保汪文连等验明，舡上并无半文钱钞。比将伊舡物交还，伊又听胆逞刁吓诈，要钱三四十千文，方肯收领。苦课池鱼只，被伊窃取，杀抢之后，今经月余，尤复日夜强取卖价已获千余（缺文）之利，已属湖窃。湖业归乌有，乃又诬民抢伊赃钱如许之多。似此栽赃架抢，律有明条，况伊所抢民家受伤人等衣被及邹民艮舡上物件尚多未缴，更属惨恶已极。只得再开明未缴赃物单，呈乞仁天作主，恳恩迅拘余忠语等到案，押进给领，按法究办，以彰德政。衔环上叩。

（13）

为乘宽猖獗哀恩急剿事。情遭强窃余忠任等纠聚各姓凶徒，设钩持械，恃近欺穹，盗取民矶池内鱼鲜，反将防盗之邹太密等杀伤垂危，蒙验赏药，医治罔效，命悬旦夕。复将民防窃鸦尾舡一只连货物抢去，并将守舡之邹太沼等捆殴，勒书受伤，亦已开明抢单，禀蒙验录，批示伤痊集讯等因，未沐赏差起赃拿犯，致窃乘宽，愈加猖獗，仍在民矶池内日夜强取，肆无忌惮，正在退水出鱼（缺文），日可获池鱼数千斤。民家受伤人妻男惨见伤心，每欲拼命往阻，若不劝止，势必又遭杀死。民虽百舡劝止，池鱼被窃取绝，则课命两绝，实出两难。若待伤痊集讯，深恐巨祸眉睫，只得哀号作主，施恩法裁，应否急赐赏签，起赃拿犯，押将违禁钩舡即日缴案，毋任猖獗，以解巨祸，以救一村性命，恩同昊天。迫告。

被告钩窃：余忠任、忠语（即忠宇），王道修、成康，查修振、普俊、普慎、普发，刘礼嘉、祖起，王道松，王成南、尊喜、道客、成志，艾耀宗、耀怀，余仁友、桃浔、忠禄等

乡约：汪文连

告状：邹民绍等，年五十六岁，西关外；民利、民协、太和、太浪等

九月廿八日进。

九月卅日出批：余忠任等乘讼取鱼，殊属强梗，候饬差前往饬止，并船只各物给领，俟伤痊，集案质讯究办。

（14）

台下具禀民人邹民艮为贫遭搁业哀恩押返领营生事。情遭余忠语等纠聚众姓人等抢去民鸦尾舡并舡上全副家伙物件等项，民已开单禀返在案。仅据十月二十一日，将搁破舡一只、篙一枝、梢橹一枝、大小锚二口、小铁链一付缴案给民具领。尚有大桅一枝、舵一具、雨篷四块、傍橹二枝、大铁链一付，篾缆一条、布袋一个、锡茶壶一把、钱板三块、算盘一把、顶罐一个、折桌一张及零星各物，概搁不缴，坑民不能撑驾营生。民于二十三日开粘清单具禀。蒙批：是否舡内尚有余物未缴，候集讯明再行追缴等批。金批固明，理应静候。切民驾舡营生，舡上应用对象，惟桅、舵、篷、橹、链、缆更属舡上紧要必需

之件，乌有虚情？任其有心藏匿，明系搁业绝生，若待讯明再行追缴，奈余忠语恃党羽甚众，贿赂更多，则其又可抗不报讯，悬宕无期。坑民不能揽装客货营生，搁业绝命，情迫不已，只得再叩廉明作主，恩施格外，赏拘余忠语等到案，将未缴舡上紧要物件押令缴案，给领营生。民等生当衔环，死亦结草，以报再造深恩。哀哀泣禀。

道光十八年十一月初一进。

具禀民人：邹民良

出批：候勒差速集讯明，追缴给领。

（15）

为匿赃不缴恳恩勒返事。情因共祖祥三嗣孙太密等租赁民鸦尾舡一号，并桅、柁、雨篷、篙、橹、锚、链家伙等项全备，在矶池湖防窃盗鱼，被余忠语等杀伤，复抢去舡物等项，当已报蒙差返，不缴。今租期届满，需舡营生，激民于本月十一日备情禀，蒙恩饬差追缴。伊于廿一日，仅将搁破之舡一只、家伙数件具缴。民今只得暂行领取。其抗未具缴桅、柁、铁链、篙、橹、雨篷以及家伙各物等项，理合开单。禀恳廉明作主，乞赐赏差严拘余忠语等到案，将舡舱修还，原所有未缴物件按件返缴，齐全给领，以活生命。戴德上禀。

计粘未缴抢赃单一纸

具禀民人：邹民良、民江封进

被告：余忠语

批：是否舡内尚有余物未缴？候集讯明，再行追缴领。状附。

（16）

为抗赃不缴钩盗不止理法两无事。长河系占、陈、邹三姓轮管之业，从前因窃钩取，军民行舡被伊抢劫伤命，民三姓课户恐遭株连，是以告状示禁止在案，并又凭公立约，议定三姓俱不许召租钩取。今年长河轮该民姓纳课管业，收取网租，谁料被窃藐视违禁设钩。自春间窃取无忌，并不纳租占、陈二姓。因伊今年无分，不与民姓之事，民惟有吞忍。岂料恶窃余忠语等欺民孤姓孤村，孤掌难鸣，今春向租未充，商同市矜，在长河强取，获利数千金，得志，胆于九月廿一夜半纠集查、刘、王、巢众姓恶窃持枪执棒，黑夜窃民独管纳课之矶池鱼只。民闻水响喊阻，遭贼用枪杀伤民等防窃之人，复又抢去舡物衣被。今经两月，以窃民课湖之鱼卖价数千金，贿证赂差庇搁，仍在民长河钩取不止，反商市辣人等口称窃取湖鱼荫木，事非奇闻，黑夜贼伤事主，改云斗殴。民奈家贫，被窃被抢，命死不惜。湖乃命湖，若成窃湖，死不甘服。哀恩赐讯暂返抢去衣被给领，斧断湖归课管，窃应究办，民死无憾，合村幸甚。上告。

（17）

为藐抗已极德不化顽事。冤于九月二十一夜，遭余忠任等纠聚众姓百余人，违禁设钩，窃取民课池鱼只，并刃伤多人，复又毁抢防窃舡只、衣被等项，捆禁勒书，已开被抢赃单报案。恶借法宽，仍复强取不休，虽蒙秦镜烛照，批严谕，饬速差，视若弁髦，猖狂愈甚。杀人抢夺之后，今经两旬，每日获鱼卖价钱百余千文，尽系余忠语为（缺文）挥用，腹翼分肥，作胆布置，池鱼渐被取尽。今（缺文）嘱□各网夫，措骗长河之租不交，坑民贫无可措。更惨受伤之人，衣被遭抢，无钱医药，饥寒交迫，命悬旦夕，合村号泣。虽蒙饬止，差终冷落，犯视故套，真乃德不化顽，不号绳之以法，终成强窃世界。贫弱莫生，惟有哭乞作主，恳赏拘犯到案，暂返衣被给领，急救残生，押缴舡钩贮库。方（缺文）。

（18）

为舡无桅、篷、橹、柁寸步莫行事。民之鸦尾舡一只，合村邹祥三嗣孙于七月内租往矶池防窃，不期于九月二十一夜被贼盗取池鱼，杀伤事主，复又抢去民舡。虽蒙返缴，尚有桅、柁、篷、橹紧要各件故意不缴，坑民不能装货营生。民叠催禀，沐批候集证，讯明返给。金批至理，奈窃党甚多，黑夜杀抢，未必有证，纵然贿证，未必眼见。似此庇搁，候讯无期。切舡无桅、柁，寸步难行，有心抗缴，明系坑命。证虽可贿，党羽分肥，难逃洞鉴。幸秦镜难掩，恳恩速赐讯明原情，返给以活生命。上禀。邹民艮。

（19）

为违禁窃害叩法示剿事。情民与占、陈三姓承管祖遗纳课长河，从前屡被近河刁辣设钩，窃取鱼只，不特阻碍网户不能租埠取鱼，坑民空赔国课，尤且借端乘风抢夺客舡，滋害甚巨。民等三姓课户禀蒙各前宪出示严禁在案。不期道光十八年九月，突有近河各姓辣棍聚众，在民独管纳课之矶池湖违禁放钩，窃取鱼只。民族邹太密等见阻，反遭杀伤，并抢去防舡一只，几成巨狱。幸蒙曹主拘凶到案，尽法究惩，取具永远不得恃强违禁窃取甘结附卷，屡蒙出示严禁，始得相安数载。讵有不遵示禁刁徒今又设钩用舡，连绳接缆，在民独管之矶池湖□任意窃取鱼只，民等往阻，竟置不耳。似此违禁窃害，阻碍网户，恐滋祸端，只得叩禀。

（缺文）出示严禁，倘有藐法违（缺文）。

（20）

为犯藐差庇赃抗冤悬事。切民驾舡营生，桅、篷、橹、柁、锚、链等项家伙缺一，岂能行动？民舡既遭恶窃余忠语等纠众抢去，何以将紧要重件概抗不缴？民激控追，反敢声言民系插讼，捕截民杀，明系恃其钩窃课湖鱼只，卖价数千金，肆行赂差，庇案沉搁，无如伊何。又坑民绝生失业，可怜合家忍饥受冻。民若催词，恶又捕殴，情同化外。只得不避斧钺，泣叩廉明大老爷作主恳赐，怜民舡无桅、柁、篷、链万难行动，合家号泣，迅赏差押恶窃余忠语到案，比返未缴紧要各赃即日缴案，给民具领营生，合室衔恩。哭泣上禀。

十一月廿八进状，民艮。

被告：余忠语等

乡约：汪文田

（21）

为禀明事。情遭余忠语等设钩，盗取民课湖鱼只，于九月廿一夜半，反杀伤防窃之邹太密等，复又抢去防舡、衣被物件等项，开单报明，叠蒙赏差返缴。渠不但不缴，蓦于本月十七日捏词掣诳，称伊将所抢舡物，业已凭保清交，奉批着该保查明禀覆，并着原差查明所缴各物，协同各保，即交民姓具领取领禀覆等因。民觉骇异，随询据差保均称，其所抢赃物并未交过半件，实系谎词等语。切伊所抢各赃，半件未交，竟敢捏禀业已清交。欺民固小，弄法甚大，实出理法之外。激民于十八日又开单催叩返缴，并情恳差保，据实禀复，始于廿一日将搁破之舡一只、衣物数件，勒要民收。民思抢去赃物，多匿不缴，藐法已极。苦因防窃之邹太密等均属赤贫，衣被无力措办，被其有心藏抗不缴，计图拖毙方休，只得出具领收，暂将已缴赃物认领外，合再开明未缴赃单，禀乞作主，恳恩押令余忠语等勒限齐缴给领，按法究办，以正风化。万感上禀。

乡约：汪文连

被告：余忠语等

（22）

为荡界过取怒呈反凶恳哭拘救事。缘民祖邹祥三与陈、占二姓，三方蓄管长河一道，内有清水、矶池，系民独管，轮守完课，课据昭然。地少农业，全赖鱼利苍生，且向与余忠任、刘孔嘉控经前宪曹主沐断，他人永远不准放钩、毒取，奉禁森严。突有新建县徐烈志，于五月十七日，帮船三只，荡界放钩，过取民利，则绝民生。激民着一小船前往阻止，果获钩船二只。非伊自知情愧，焉得以一服三？凭公计开捆钩十四棍，司主断缴，又何从而缺少？即民捉回恶盗徐烈志并雇工王丙成二人，实人赃并获，虽未呈缴案下，奈伊与公等从中饬劝逼掩，诈愿出千置酒封赔，致延民禀，即公户难无别情。恶又预先捏控司主不过有夺船执钩之谎，尚未闻捉拿斗殴之词。及恶庭讯脱逃，回籍串凶，蓦于夜纠统快船八只，约凶百余，明火阵围，掳去网船一只、业网一埠，并雇工共计七人。比即邵二颜推倒落水，幸浮泛靠岸，至次日初五，逃归故里，问及六人，亦生死莫测。为此（缺文）叩宪台作主，清界定课，更属人命为重。恳哭拘凶追（缺文）救掳命以除匪蔓，以安民心，衔恩连叩。

未进。

（23）

告人邹民典、太英、太育、平利等为越境放钩向阻反凶叩恩法（缺文）。情民祖手遗下机池、清水、长河三处。机池（缺文）系邹姓之业，长河邹、陈、占公共轮流交接，上至饶河口，下至两河口，北至机池，南至新邑沙港为界，历管无异。邹祥三公每年完课粮九两四钱四分，（缺文）、陈二姓完课可据，全赖大小网户收租完课。突遭新邑不法之徒徐烈至，胆敢统凶数十余人在民机池放钩取鱼。况捆钩久奉例禁，有碍客舡，前各宪迭次出示严禁，并取具各姓切结永不准拦河放钩取鱼，切倘有客舡风色顺利，带动新（缺文）凶徒拦河放钩，并伊钩蜂拥客舡索诈，客民（缺文）受害难以胜数。突于本月十七日，民闻伊仍（缺文）机池长池处放钩，民赶至，将舡二只、人、钩带至回（缺文）。伊邀请举人徐广春，民人赵先庚、巴遵瑞，乡约汪文连，河保柳言亮，地保黄龙志等求情，免送宪（缺文）公（缺文）置酒四席，钱四千文，封倍（赔）了事。不意伊刁狡（缺文）控告司主，捏告民捉禁索诈，当经佥拘。民闻汗骇，只得投诉求汛司主，临汛脱逃。似此强悍形同匪类，无法无天，只得备情奔叩宪台，赏准拘，正业杜祸，国课攸关，望光上呈。被告新邑徐烈至，户证赵先庚、巴遵瑞、高循盛，乡约汪文连，河保柳言亮，地保黄龙志，台下具缴状。民占、邹、陈今当太爷前实缴得已获新邑徐烈至舡钩二只，呈缴案下，不敢藏匿。所缴是实。

五月卅日呈，□□。

（24）

为传差质究详办事。据邹祥公嗣裔邹民典等以持强陷害等情，诉称伊祖手遗下矶池、长河、青水三处纳课，网埠收租，被新邑徐列至等持强放船，在伊矶池等处放钩取鱼，有碍往来，被伊捉获，将伊船钩带县送案，求情置酒，封禁免究，反先搀控等情控诉，并据公户民人巴遵瑞等禀同前由各等情前来。据此，查此案前据徐列至以捉禁诈索等情具控，当经签差拘起在案，据诉前情，合并拘传。为此仰役原星速前去协同户约，立传被诉徐列至及前票后开户约有名人等，刻日传齐赴司，以凭追究详办。仍饬迅将所夺船钩先行查缴，赴案去役，倘敢抗延，查究不贷。火速。

计开：

被诉：徐烈至等

公禀民人：巴遵瑞、高循盛、柳得五、赵先庚

乡约：汪文连

河保：柳言亮

地保：黄龙志

诉状：邹民典、民顺、太还、平起、平裕等

差：吴得、秦富、沈标、黄标

十一年五月廿日司票

（25）

为我军民两害愈剿愈蔽事。情民等有祖遗长河一道，与占、陈、邹三姓输课共管业，内有民村独管之矶池，与长河相连。切此河上通饶郡，下接浔阳，无论军民等舟往来必经之路。民等向网取租，以供课税，久不准排放捆钩，致滋河衅。曾经各大宪严禁。钩匪为歪河之苗，其绳缆有绊碍之害，为祸甚巨。冤由前月十七日，有新邑之河匪徐烈志等越界放捆钩，连绳接缆，民因住窎未知，匪愈得志四布。及民始觉，果捉获散放舡钩归里。而匪初自知愧，求情封禁戒后，旋听唆控司，以致讯断宽责。更不料于本月初四夜三更时候，纠聚百余匪，蓦围民村，离县城咫尺，窥人皆歇息，即将民门首大舡一号、大网一埠，并网鱼七人，一应撑夺归穴。似此不但越县藐禁盗窃，并敢禁地掳围。控县则不关不拘，民等实愈剿愈蔽，不得已奔叩大公祖阶前，乞念河道系军民之急务，河匪实在王法所必除，俯赐若何紧拘，若何究剿。上呈。

（26）

台下具民人邹民慎、民典为持强陷害劈径诉明事。情民祖承遗下长河、机池、清水三处，明清两朝历管无异，每年纳课银九两四钱四分，全赖网埠收租完课。突遭新建县凶徒徐烈至等胆敢持强放舡在民机池等处放钩取鱼，况放钩久奉例禁，有碍往来客舡。于十八日，民闻汗骇，赶至机池，将伊舡钩带至回县，伊邀请举人徐广春，监生吴必江，民人赵先庚、柳得五、巴遵瑞，河保柳言亮，民人高循盛，地保黄龙志，乡约汪文连等求情，免送案下，伊自愿置酒四席出钱四千文封禁。不意伊突起枭心，才先捏词经控老爷台前，沐准差传。民只得备情具诉，国课攸关，望光上呈。

五月十九司诉呈。

（27）

台下具公禀，民人巴遵瑞、柳得五、赵先庚、高循盛，乡约汪文连，地保黄龙志，河保柳言亮等为公愤不平叩恩禀明事。情因十八日上午，适有新建县徐烈至在邹姓矶池放钩，被邹姓捉获，将舡钩带至来县。伊央民等向邹姓求情，免送案下，自愿置酒四席、钱四千文封禁。不意伊奸计百出，才先捏情具禀。切思公道出乎人心，民等只得联名具公禀老爷台前，赏准讯明。顶祝上呈。

五月十九公禀。

（28）

为越界肆害获□劫号提究办事。情民等有祖遗长河一道，向属△、△、△三姓轮流专管，照册完课。内有民村世守矶池湖业一段，不与共管长河相连，遇有网舡，向民赁租取资，以供课税，并奉各宪谕务遵守，长河军民便道，不准（缺文）匪排放捆钩，恐防绊碍。奉禁之后，无敢违越。祸于五月间，突有新邑之河匪徐列志等违禁越界，在于民湖盗放捆钩。经民查获鸣公理（缺文）愧悔求情谅处，民亦听中忍从请事。殊听唆使，复控分司，奈（缺文）做作，仍（缺文）宽结。讵匪恃矜持强，胆于六月初四夜纠凶数百、匪舡十余号，围村劫杀。幸民住村仅离县城咫尺，虽未遭恶全害，□将门首网舡一只，连人带物□居匪穴，当有被□推跌落水之舡伙邵二老遇救逃回，其余七人擒归酷拷，舡网、衣物慨（概）匪瓜分。报县贿蔽，犯仍逍遥，任民迭控，不关不拘。情迫不已，只得哀叩大宪大人施恩作主，迅尝（赏）亲提，关拘拟办，庶军民便道，匪害永靖，正业杜祸。衔环上告。

六月廿三呈。

(29)

为恳恩出示严禁以正课业而免祸端事。缘民祖祥三公承受湖业一道，上自白都，下齐龙坑，历古至今，放网取鱼无异，岁纳课银八两七钱八分八厘，课册炳据。近因人心不古，兴设捆钩，拦河施放，不但有碍民网，强取民利，而且往来客船多受其害，稍为搅动其钩，若非借图纠抢，即属生端讹诈，以致久奉各上宪严禁在案。即道光年间，因钩殴伤多人，经曹前宪断定，业凭课管，永不准在民等课湖放钩取鱼。同治年间，又经王前宪批准永禁，叠叠血案可稽。讵今又有下堡各姓强徒纠聚党羽，强在民湖放钩取鱼，若果向阻，势必酿成巨案。似此业不由主，只得恳乞宪台，俯赐出示严禁，庶祖业可正，巨祸可免。沾恩上告。

(30)

江西水上公安局都昌汛分队长刘为谕饬遵照事。案据都昌县课户邹可荣等禀称，于旧历八月十八日，被下堡高循辉、王纯富等，向余干县渔户张荣显等要完伊脚部钱未允，比时夺去小布网一部等项前来。据此前情，派巡传集来汛，公同理论，详明此钱嗣后不得再取。邹姓湖课祖业，向有旧章老例，无论本乡异姓人等投课取鱼，各照旧例，不得任意乱取，甚重国课，公同理论，双方无异，自愿请求息事。本应送究，双方人等再三说情，情有可原，姑准地方之情，各具切结，依准完结，和字遵照。此据。

课户邹必成、平坤、可荣、时选、可道收执。

民国十七年十月四日都昌汛章条谕。

(31)

具保证人下堡△△△、△△△等，今当水上公安局长台前实结得，民等对于邹祥三公裔孙等所有湖课水利业权，无任本籍异县人等，向业主邹祥三公裔孙等投课洒网，遇水取鱼，制照旧章，民等在后不得籍端收费。各有籍端生事，惟具结人是问，并愿甘坐罪。所结是实。

(32)

江西九江地方法院民事判决（十九年控字第一百零四号）

判决：

控告人：邹可荣，男，现年四十三岁，都昌县人，住本籍邹家嘴，业渔；邹时选，现年五十岁，业船夫，余同上；邹平坤，现年六十岁，业商，余同上。

右代理人：沈家瑶，律师。

被控告人：詹绍桓，男，现年五十五岁，都昌县人，住二都，业俪；詹乾义，未到；詹泰炼，男，现年四十岁，业农，余同上；詹泰信，未到。

参加人：詹开蕃，现年五十八岁，业农，余同上；詹昌蕃，现年三十六岁，业教员，余同上；陈功九，现年三十一岁，业农，住（沈）家湾，余同上；陈茂来，未到；陈功意，现年二十五岁，业商，余同上。

右两造因长河涉讼一案，控告人不服都昌县政府中华民国十九年三月十九日第一审判决，提起控告。本院判决如左：

主文：

控告驳回，控告审诉讼费用由控告人担负。

事实：

本判决引用原判决所列事实。

理由：

查本案控告人控告意旨，无非以持有清康熙年间课户照票、户册各一本，对于系争长河上自白都土地庙、下至龙坑缴尾止为邹姓所独有。原判不凭照册，仅凭伪约以为判决，请求撤销原判，依法改判，以维持所有权等语。察核原判系维持詹、陈、邹三姓于清同治九年所订轮管议契为有效，于所有权并未涉及。至系争长河，被控告人从前有共同管理权。控告人已于民国十九年三月十一日具状供述（原状称兹原告人因从前有共同管理之事，又称况乎管理权、所有权各不相涉云云）有据，是控告人对于被控告人提出之清同治九年詹、陈、邹三姓所订轮管长河议约，业已承认属实。原判根据当事人间所订契约表示之意思以为判断□无不合，控告人乃就此点以攻击原判之不当，殊难谓为有理。若谓该项议约注明，当年首士管理只得钱五十吊文，今被控告人出租于余顺恩得大洋一百五十元，认为违及议约主旨，主张应行解约，但查该约所载只得五十吊文系指当时（即清同治九年）三姓共经管十年之内而言，其后又注明十年以后仍照旧轮流经管，则自清同治九年起，经过十年以后，当然无此限制，可知控告人又何能就此点而指摘被控告人为违反议约？被控告人既无违约行为，依照当事人缔结之契约，一经合法成立，断不能无故以单独意思解除契约之规则，对于该项议约，又何能任控告人一方要求解约？

依上论结，本件控告为无理由，本审诉讼费用应由控告人担负，依照《民事诉讼律》第五百四十七条、第一百二十四条，判决如主文。

中华民国十九年十二月八日

江西九江地方法院民事庭

审判长推事：李寿曾

推事：刘金镛

推事：胡俊

书记官：敖佐汉

右件证明与原本无异

书记官：敖佐汉

中华民国十九年十二月十一日

（33）

江西高等法院民事判决（民国十九年下半年度上字第二七号）

判决：

上告人：邹可荣（住都昌县西关外邹家嘴村）、邹平坤（住同）、邹时选（住同）

被上告人：詹绍桓（住都昌县二都）、詹泰炼（住同）、詹开蕃（住同）、詹昌蕃（住同）、詹乾义（住址未详）、詹泰信（住址未详）、陈功九（住都昌县沈家湾）、陈功意（住同）、陈茂来（住址未详）

右两造因管理长河鱼利涉讼一案，上告人不服九江地方法院中华民国十九年十二月八日第二审判决，提起上告。本院判决如左：

主文：

上告驳回，上告审诉讼费用由上告人担负。

理由：

本件上告人不服原判，不外谓上告人祖遗长河上自白都土地庙、下至龙坑缴尾一塅，既有康熙年间各宪颁发之印册、照票以为所有权之证明，自应认为有效，乃原判决所采取之同治九年三姓订立轮管长河议字以为裁判基础，不知所谓轮管者，系临时办法，并非一成不变之定例。今该詹姓不租与距湖最近向为主体之民姓，而租于不明界限、不知管业之人，不惟轇轕仍多，且抹煞上告人之优先承租权利等语。本院核阅被上告人呈交之同治九年议字，原载有长河一道，自白都至龙坑缴尾，派作十年，照股轮流经管，邹姓三年，陈姓二年，詹姓五年（中略），十年以后仍照旧轮流经管。及民国十三年合同议约又载有公共长河基业，历守数百余年各等语。以上二约既均为上告人所不争执，则上告人虽持有康熙年间之课户照票及远年印册，借以主张自白都土地庙以上至黄金嘴止为詹、陈两姓之业，以下至龙坑缴尾止为上告人独有之业。然按契约，一经合法成立，苟非别有法律上无效或得以撤销之原因，断不能以一造之单独意思而借词翻悔之法理，则上告人应受上述议字合同之拘束，毫无可疑。至谓轮管，系临时办法，不能永远为凭，殊不知该议字明明载有十年以后仍照旧轮流经管循环无已，其为具有永远遵守之性质，自足以资认定第一审根据同治九年议约确认系争长河应归詹、陈、邹三姓轮管，其上年（十九年）鱼利应由被上告人收取管理，原审维持第一审判决，将上告人之控告驳回，均无不当。又查上告人主张优先承租权利，谓被上告人出租与余顺恩为不当，无论原第一、二审判决并未对于此部分加以审判，且未据上告人在第一审提起反诉，显系在上告审提出新请求尤属于法不合，上告人声明废弃原判决不得谓有理由。

依上论结，合依《修正民事诉讼律》第五百八十条第一项、第一百二十四条第一项，判决如主文。

中华民国二十年四月十六日

江西高等法院民事第一庭

审判长推事：王纲煦

推事：魏明章

推事：熊阳荫

本件证明与原本无异

书记官：朱贤裔

中华民国二十年四月廿日

草课单

八月廿四日，共发草课三户，共银九两四钱六分半，共扣钱壹拾陆千柒百卅六文□。

壬申八月廿四日，祖诰手发。

粮册

六科市贰畐拾甲尾

奉行政公庭以造粮册，应照旧章，田有三则地有硗，税粮从业派，业从粮管，不可混乱。今将山塘、屋宇、田地、产业基地，应登米数逐一照契收，除过割攒造清册。

一户邹道三公

祖父遗下住基并各处余园空址、柴山开列依后：

住基坐茔并余址，共计陆分，登民米壹斗叁合九勺陆抄。

老基地壹所，坐落香火屋西侧崇本门首，登民米陆合。

山地壹片，坐落杨家岭，叫坟山地，计粪壹堆，今以作坟山，登民米伍合另七抄。

基地壹所，坐落西关内，此地公共登民米叁合。

坟山壹所，坐落望仙上堡，叫名歇驾汊，登民米肆勺。

坟山壹所，坐落望仙下堡邹屋西侧，叫名太阳山，登民米肆勺。

坟山壹所，坐落向姓屋南首，叫名小嘴头，登民米肆勺。

坟山壹所，坐落四十壹都，叫名沙岭，登民米壹升贰合。

地壹片，坐落四十五八都，黄援公屋侧，叫名虎豹地，登民米肆勺。

坟山壹所，坐落弹子山内，叫猴猪嘴，登民（米）壹升正。

坟山壹所，坐落□屋门首，叫名小山，登民米肆合叁勺柒抄。

以上实在官民米伍升陆合。

民国十七年岁次戊辰正月廿四日架书陈新堂经造。

见造：族平坤、平尧、可荣、平泉、平丰、平鑫。

一新收本甲邹平丰户自己名下水田壹丘，坐落坐茔西边，叫名三升，计粮三分，现造学堂，登民米贰升正。

以上实在官民米柒升陆合。

民国十七年岁次戊辰贰月廿五日架书陈新堂经造。

三、档案文书

该档案文书系笔者抄录的都昌县档案馆所藏案卷。

双方协议书

一、长河内的线鸡垅网部由邹姓（十区北山乡邹家咀）二十六个渔叶（业）人口取鱼，其余各姓不能取鱼。

二、长河内的高理湾、侧鱼石，后河内的邹家咀、甘垅湾（又名王土岸）等四个网部由十区北山乡杨、程、赵三姓（共一部布网）、新池乡东滁余姓，十三区金汤乡新屋黄姓、松埜（峦）乡下松埜（峦）余姓、矶山乡等五部布网取鱼，邹姓不能进行取鱼。

三、县门口、野鱼部开港后，照原有习惯，苏网在前面取鱼，布网在后面取鱼。

四、苏园里（原名禁港）苏网每天只能有壹部网，由上至下捕一次鱼，其他先到先捕鱼，后到后捕鱼。

五、滩子上布网不能捕鱼，在凤凰滩水未现出洲前，苏网每天只能捕一次鱼，凤凰滩现出洲后，由苏网捕鱼。

六、邹姓（十区北山乡邹家咀）原有布网叁部，在邹姓门首路未现出之前能捕鱼，在门首路现出之后，只能用两部布网捕鱼。

七、沉船问题照原有习惯，不得增加及变动地址。

八、钩与网问题，照原有习惯。

九、南昌夏家山苏网来取鱼时，应双方协商同意之下才进行取鱼（但遵照南昌夏家山取鱼的原有习惯）。

十、其他一切问题，亦照原有习惯。

十一、以上各条，双方均不得违犯，如违犯，应受到法律之处分。

双方渔民代表：

十区北山乡杨家港代表：赵漳生（盖章）、赵敬诗（盖章）、程宣仁、杨正都（盖章）；北山乡邹家咀代表：邹可贞（盖章）、邹时汉（指模）、邹可狮（指模）；新池乡东滁余家代表：余式发（盖章）

十三区矶山乡代表：余式杰（代章）、余式悌（盖章）；松棤（峦）乡下松棤（峦）余村代表：余祖尧（指模）、余昭希（盖章）、余育兼（指模）；西河乡代表：余祖金（式悌代章）、余昭龙

政府机关代表：

都昌县人民政府：谭绪言

都昌县人民政府问事处：张嘉宾（盖章）

都昌县人民法院：刘锋剑（亲笔）

江西省鄱阳湖草洲鱼港管理处周溪工作站：刘亮彩

都昌县十区公所：郭品初

都昌县十三区公所：陈修学（盖章）

十三区金汤乡政府：黄昌淼（盖章）

十三区矶山乡政府：陈功发（盖章）

十三区松棤（峦）乡政府：余式峰（盖章）

附注：原双方协议书底文存省渔港管理处周溪工作站，此件由工作站照原协议书翻印。

一九五三年九月二十七日

协议书（一）①

北山公社邹家咀大队与松光大队为渔港发生争执，现通过

①序号为笔者所加，下同。

双方代表和有关人协商达成如下协议：

一、小矶山脚下鱼部，按原有籍贯，由邹家咀大队捕鱼使用，其他鱼网不得占用。

二、长河内的线鸡垅，按有籍贯，由邹家咀大队捕鱼，其他鱼网不得下水捕鱼。

三、长河内的高理湾、侧鱼石、甘垅湾（又名王土岸）、苏园里、县门口五个鱼部捕鱼时，先到先捕，后到后捕，但付（副）业要照顾主业，小网要让大网，如果大、小网同到时，得由大网先捕（指鱼网下水为准）。

四、西门潭从每年农历八月初一日下禁令后，任何鱼网不得下水捕鱼，禁令撤除后先到先捕，后到后捕。

五、大网取鱼在后发展，按1953年9月27日鄱阳湖草洲鱼港管理处协议书执行。

出席人：

北山公社邹家咀大队代表：邹可贞、邹时隆、邹可九（签字）

北山公社松光大队代表：余前炳、余昭希、余昭郁（签字）

都昌县人民委员会水产局局长：袁建勋（签字）

北山人民公社治调主任：邹全颜，水产科科长：邹可任（签字）

都昌县人民法院：于承欢（签字）

都昌县人民法院

1960年12月14日

协议书（二）

永修县吴城公社松门大队与都昌县北山公社邹家咀大队为都昌老爷庙以上至新妙湖大坝脚范围内捕鱼作业权的争执问题，经双方渔民代表，本着有利团结、有利生产的原则和互谅互让的精神，于62年[1]9月18日在都昌县人委座谈研究协商，结果达成如下协议：

一、都昌县老爷庙以上至新妙湖大坝脚范围内的湖底权，依照国家法律规定为国家所有，上述范围内的捕渔（鱼）作业权为都昌县北山公社邹家咀大队，多宝公社多宝大队、招兴大队、黄金大队的原在该范围内作业的渔民所有。

二、都昌县老爷庙以上至新妙湖大坝脚范围内的捕鱼作业权，虽为都昌县北山公社邹家咀大队，多宝公社多宝大队、招兴大队、黄金大队原在该范围内作业的渔民所有，但由于松门大队与此处水面相连，历来往来密切，过去松门大队到此处来往的渔船，在此处捕过小（少）量的鱼，为了照顾松门大队原有的利益，进一步搞好团结和改进捕鱼秩序，松门大队今后可在上述范围内的骡马咀至新妙湖坝脚北头湖段水面捕取小（少）量的鱼，不得越界，但并不以此影响邹家咀方面在此湖段水面的捕鱼作业权。由于此湖段水面范围不大，为避免引起矛盾，故规定谁先到，谁先捕，如双方同时到，从团结出发，邹家咀方面让松门大队捕，双方捕鱼或靠船，不得损坏新妙湖大坝。

三、松门大队原在石榴咀以上至夹口的高网捕鱼习惯，仍维持不动，多宝公社方面有用下勾（钩）捕鱼的，双方捕鱼工具不同，为避免双方影响，应互相照顾。

四、以上协议自签订之日起生效，今后双方应共同遵照执行。

五、本协议共印正本15份，原本存中级法院。

协议人：

永修县吴城公社松门大队渔民代表：陈齐林、黄顺余

都昌县北山公社邹家咀等大队渔民代表：邹可贞、邹可恒、邹时汉、邹时英、刘训玉

[1] 原文如此。

经场人：

永修县付（副）县长：王永文

永修县吴城公社主任：陶端荣

永修县吴城公社松门大队书记：黄顺琪

永修县吴城公社松门大队助理会计：孔宪龙

永修县农业水利局：沈连伟

都昌县付（副）县长：欧阳宗亿

都昌县北山公社付（副）书记：邵同煜

都昌县北山公社武装部部长：刘哲告

都昌县北山公社邹家咀大队主任：段延龄

都昌县多宝公社多宝大队主任：李成龙

都昌县水产局局长：袁建勋

都昌县人委办公室秘书：张之良

永修县人民法院庭长：熊任生

都昌县人民法院庭长：陶柱发

九江地区中级人民法院庭（长）：陈鹤鸣

一九六二年九月十八日

协议书（三）

北山区北山公社邹家咀大队邹家咀村与矶山公社景光大队因争执话得咀苏网捕捞场所，双方来县座谈协商，于一九六二年十月十四日在县人民法院达成如下协议：

（一）遵（尊）重原有习惯和本着兼业照顾主业的精神，主要捕捞场所，如书园里、线鸡笼、县门口、滩上四地，归邹家咀捕捞，按原订协议执行不变。这次所争执的话得咀，经研究协商，亦同意归邹家咀捕捞，在渺水季节，其他社、队苏网可以先到先捕，后到后捕，邹姓不得干涉。及至邹家咀门首大洲头现洲后，归邹家咀独有捕捞场所，其他社、队不能进入取捕，包括邹家咀本大队杨姓、赵姓亦不得进入话得咀壹网捕捞场所取捕，如杨、赵二姓进入话得咀取捕，则景光大队亦同样可进入话得咀捕鱼。同时，本协议关于话得咀捕捞场归邹家咀所有这一条相应作废。

（二）除上述捕捞场所外，其他捕捞场所按照原有习惯进行捕捞，本着互相团结、互不影响的精神和有利生产的原则，应先到先捕，后到后捕，任何社、队均不得用船网占埠头。

（三）属邹家咀村所有的话得咀等捕捞场所，邹家咀村不得转借或出租其他任何社、队进行捕鱼，如发现有转借或出租行为，查明属实，则收归国有另行处理。

（四）本协议自签订之日起执行。

（五）本协议书原本存法院，翻印拾份，其中双方公社、大队、邹家咀渔业队、北山区工委及县有关机关各存一份。

参加协议双方代表：

北山公社主任：邵汉清

邹家咀大队主任：段延亭

邹家咀渔业队长：邹可恒、邹时英

邹家咀大队代表：邹可贞、邹时汉、赵祖福、赵明倍、赵太山、赵伯英、杨正仪

矶山公社主任：黄奕虎

矶山公社景光大队主任：张昭亨

景光大队代表：张昭洪

都昌县水产局局长：袁建勋

都昌县人民委员会秘书：张之良

都昌县人民法院书记员：詹友三

都昌县人民检察院检察员：詹吉庆

公历一九六二年十月十四日于县人民法院订，本件与原件核对无异。

关于调处永修松门山大队[①]渔民因捕鱼纠纷欧（殴）打都昌邹家咀渔民事件的协议

关于永修松门山大队渔民于1962年10月17日因捕鱼纠纷欧（殴）打都昌邹家咀渔民一事，经九江专署派出工作组会同永修、都昌两县工作组及双方社、队渔民代表等，进行了为期六天的调查。在查明事实情况后，双方代表本着有利生产、有利团结的原则和互谅互让的精神，就以下几个具体问题达成了协议：

一、在事件过程中，都昌县邹家咀负伤人员邹可发等14人，在都昌县人民医院治疗，其治疗全部医药费用（包括刘医师的报酬和他个人的伙食费）凭单据结算，由永修松门大队付款。在伤员中，如有人在医师没有认定治好以前因伤至（致）残至（致）死，永修松门大队应负后果责任，并应负担其家庭生活和抚恤费用。

二、在事件发生后，都昌邹家咀渔民14人，因伤不能生产，经双方协商议定：由永修松门大队给邹家咀渔民人民币壹千叁百捌拾元，作为误工补贴。

三、在发生事件时，永修松门大队渔民打坏和带走都昌邹家咀渔民的部份（分）集体和个人财物，现经双方核实，由永修松门大队给邹家咀渔民人民币陆百零伍元、大米壹百伍拾市斤，作为财物损失赔偿。

四、永修松门大队闹事的为首份（分）子黄志泰等人，由永修县政法有关部门进一步查明真相，依法论处。论处后，将判决书及布告发给都昌县数份，以资教育渔民群众。

五、关于永修松门大队及都昌邹家咀渔民的捕鱼场所，由九江专署工作组会同两县工作组、双方渔民代表，进一步查明双方渔民的原有习惯，另行协商解决。在未解决前，永修松门大队渔民暂不得到骡马咀至新妙大坝一段水面内进行捕鱼生产，

①文件中“松门山大队”“松门大队”互见。

以免再起纷纠（纠纷）。

六、永修松门大队的高网作业，仍按原习惯进行生产。

七、本协议自签订之日起生效，双方必须共同遵守。

八、本协议共印壹拾伍份，发给双方有关单位，双方签字，原本存九江地区中级人民法院。

协议代表：

永修县吴城公社松门大队渔民代表：黄顺琪、陈典桢

都昌县北山公社邹家咀大队渔民代表：段延宁、邹可贞、邹可恒、邹时柏、邹时英

在场人：

永修县人民委员会：王礼文

永修县人民检察院：张景荣

永修县人民法院：熊润生

永修县吴城公社：蔡有鹏

都昌县人民委员会：占兆祥

都昌县人民法院：张士杰

都昌县水产局：陶柱标

都昌县北山公社：邵汉清

九江专署工作组：戴衡山、陈鹤鸣、秦兴华、杨书发

签订日期：一九六二年十月二十六日

协议书（四）

北山公社松光、邹家咀大队与南山公社星火大队，因扒网与沉船生产发生争执问题，于本月二日经两个公社的双方代表在县水产局进行了协商解决。为了防止今后不再（再次）发生纠纷事故，本着有利于生产、有利于团结、互相照顾、互不侵犯的精神，就今后作业问题达成如下协议：

一、南山公社星火大队黄、刘两姓的沉船，应在上壕口、下壕口的团洲背、壁石、龙口里、线鸡垅等地捕渔（鱼），但

不能到处放捕。

二、为了照顾扒网作业，今后北山公社松光、邹家咀大队鱼（渔）民扒网，同样允许在上述地区作业，但扒网只能直扯，不能横形作业。同时，只能在船上起网，不能靠岸起网。

三、今后，如果是北山公社松光、邹家咀大队的渔民没有按上述协议进行作业，对沉船造成损失，则由当时作业人负责赔偿其损失。

四、本协议自签日起有效，今后双方应按此协议执行，不得违犯。此协议一式九份，原本存县水产局。

签订日期：一九六三年三月二日

（下略）

都昌县人委关于处理永修县吴城公社与我县北山、矶山公社渔民捕鱼场所问题有关几个问题的报告

九江专署：

专署于1963年1月18日赣北发〔63〕062号《关于永修吴城公社与我县北山、矶山公社渔民的捕鱼场所问题的通知》收悉。现为了有利生产，有利两县人民之间的团结，彻底解决两县捕鱼纠纷，除遵循《通知》认真贯彻执行外，根据1962年12月23日九江中级法院秦院长、永修县检察院张检察长与我县县委华彬书记、法院张士杰院长等同志于都昌饭店所协商议定的内容，尚有几个问题未有作出具体规定，特报告如下：

（一）捕鱼场所的界线问题。去年永修吴城公社松门大队渔民与我县北山公社邹家咀大队渔民发生几次捕鱼纠纷的争执点，就是社林头里面的话咀得（话得咀）的沿岸一段水面，如这个地方处理不善，今后还可能会发生纠纷，因为这段水面最适宜牵落脚网，但也可以在船上绞网（渔民通称高网）。因此，在去年12月23日协商议定，从社林头起至团山止，以水为界距岸两华里，松门大队渔民不能绞网。避免今后发生争执，同时对

1962年双方所签订的关于新妙大坝至骡马咀一段水面松门大队可牵落脚网的协议亦未指明作废。

（二）绞网与落脚网生产之间的关系问题。绞网与落脚网发生矛盾的焦点，就是两种作业相遇的时候互不相让。因为绞网靠岸，只要有三尺深的水就可以进行绞网作业，而落脚网必须沿岸向开水抛网作业，则两网相遇，绞网有退步，可以向开边深水中进行作业，而落脚网除退到岸上去别无让步。因此，去年协商议定，松门大队的绞网与都昌的落脚网生产相遇时，绞网应主动让落脚网，以免发生捕鱼争执。

（三）网与勾（钩）生产的相互关系问题。都昌渔民经常反映永修松门山渔民绞网兜勾（钩），对勾（钩）张的损失很大。因此，去年协商亦议定，松门大队渔民绞网不能影响都昌渔民的勾（钩）业生产，凡现放勾（钩）浮筒的水面，不能绞网，以免发生兜勾（钩）的争执。

（四）我县矶山公社渔民与永修吴城公社松峰大队渔民在沙港捕捞场所的争执问题，是与松门大队渔民和邹家咀大队渔民发生捕捞场所争执问题去年同时协商落案的，即1957年松门山与矶山所订协议，其中有一条载有“八月初一日后双方捕鱼互不来往”，与实际情况不符。经协商议定，仍根据矶山渔民原有捕鱼习惯，改为以水为界，不论什么时候干洲，凡倒岔湾能过渔船，矶山渔民就可以去沙港捕鱼，不能过船，就不能去沙港捕鱼，其他仍按协议执行不变。对这一协议的修正，是在双方互谅互让的原则下协商达成的。当时我们的意见是，如永修不同意将“八月初一日后互不来往”这一条改为“以水为界”，则八月初一日后，我县矶山渔民的作业场所不好安排，就需要在社林头至老爷庙一段水面进行安排捕捞场所，那就不能同意永修来绞网生产。后由于我们让步，同意永修松门大队来绞网在上述水面捕鱼，永修亦同意矶山渔民按原习惯去沙港捕鱼。

（五）因伤致残人员的善后问题。去年，松门大队渔民欧

（殴）伤我县北山公社邹家咀渔民邹可狮、杨正伸，经九江专署人民医院检查，杨正伸右手粉碎性骨折，邹可狮断第三肋骨，两人已成残废。医院有检查证明，秦院长和张检察长均将证明抄录带去，并表示要报捕判处。现该两渔民从去年九月以来一直没有生产，既无钱继续治疗（已治疗经费尚欠300余元无着落），家庭生活又非常困难，社、队干部和渔民群众提出，要求永修松门大队继续负责治疗经费和负担其家庭生活。去年戴处长主持解决时，所订协议亦订有因伤致残、致死由永修松门大队负后果责任。

（六）扒蚌问题。贝壳是我县生产纽扣的原料，我县沿湖地区群众去松门山沙港等扒蚌，向有习惯。据群众反映，去年松门、松峰等大队进行阻挠。现正值湖水干涸，是贝壳生产的大好时机，群众慑于松门山人的阻挠，不敢去扒蚌，去年协商时也提了这个问题。

上述问题去年虽经两县负责同志参加的会议进行了研究，并基本上取得了一致的意见，但没有作具体的文字规定。因此，我们要求专署派人参加对上述具体问题按照专署通知的规定精神，再经双方协议制定出具体的执行办法，以便双方教育群众遵照执行，避免纠纷再起，特此报告，当否，请予批示。

都昌县人民委员会

一九六三年三月三日

抄送：九江中级人民法院、检察分院。

关于都昌邹家咀与永修松门大队对老爷庙捕捞场所的座谈协商情况

参加人员：

省水产厅：余洪标付（副）厅长、徐仁本

九江专署水产处：周裕兴、秦兴华

永修水产局：沈远纬

永修吴城公社主任：蔡有朋

永修吴城公社松门大队队长：陈典仁

都昌县：张士杰

都昌县北山公社：刘哲告

都昌县多宝大队主任：陈和恒

都昌与永修为这一渔场的争执已有一年多，也经过多次协议调处，但双方都有意见；通过这次会议，提高了认识，都感到需要解决这一问题。经过双方协商，取得如下的一致意见：

一、双方一致要求上级组织工作组到邻县，如新建、南昌、星子、湖口等地进行调查，根据调查情况，由上级政府按这次会议对纠纷问题的调处原则进行调处。

二、关于当前的生产安排

双方一致同意按1962年10月26日关于调处永修松门大队渔民因捕鱼纠纷殴打都昌邹家咀渔民事件的协议原则进行捕鱼生产，其主要内容概括于下：

1. 在上级未会同两县及双方渔民代表共同进一步查明双方渔民的作业习惯，作出新的决定前，永修松门大队渔民的高网仍按原习惯捕浮水鱼，不得落脚捕鱼，而都昌邹家咀等处专搞落脚鱼。

2. 除了按上一条执行外，如邹家咀等处落脚网没有在作业，松门高网可以略为靠近岸边浅水区生产，但不能落脚生产，如都昌邹家咀等处落脚网已在生产，则松门高网不能迎头或随后靠近落脚网处生产，以免影响落脚网生产及网具纠缠发生纠纷。此外，松门高网生产时，应注意不要搞坏钩具，但钩网仍按原作业习惯进行。

3. 松门大队在石雷头和沙包头二地滩上可以晒网，都昌不得干涉，但永修松门不得借晒网而落脚捕鱼，如发生此情况，就取消其捕鱼权。

一九六三年八月廿二日

协商意见

北山公社邹家咀大队邹家咀村与松⿱林山（峦）大队下松⿱林山（峦）村，于1963年12月17日因苏网捕鱼场所问题发生争执纠纷，在本着有利团结、有利生产、有利党的政策的贯彻，有利集体经济的巩固和照顾原有习惯的原则，经民主协商，达成如下意见：

1. 总的是执行一九五三年九月廿七日双方协议书进行作业。县城门口野鱼部（上至现神亭鱼，下至倒汊湾）开港（即现港）后，照原有习惯，由邹家咀村的苏网、布网，下松⿱林山（峦）赵、杨、程、段、杨①村布网作业。苏网在前，布网在后。淌钩、扒网等照顾原有习惯作业（不能影响主业）。

2. 春湖满水，不分主业、付（副）业的苏网，都可作业。〔滩子上列（例）外，按原协议由邹家咀扑渔（捕鱼），旁地不能侵犯。〕外港的湖洲现出后，按1953年9月27日协议执行，进行作业。

3. 邹家咀村的苏网不在长河内，付（副）业苏网可以在县门口、野渔（鱼）部取鱼。邹家咀的苏网到长河后，付（副）业苏网就要停止，不能在县门口、野鱼部取渔（鱼）。

4. 本协议意见未规定的事项，或以上意见牵涉到外地有茅（矛）盾的问题，按原协议执行。

松⿱林山（峦）代表：余松山、余昭钦

邹家咀代表：段延亭、邹可贞、邹可信

北山公社：邵同煜

县纠解工作组：詹元浒

1963年12月21日

原稿存法院

① “杨”字应为衍文。

县人民委员会关于永修县吴城公社同都昌县北山、矶山等公社渔民争执捕捞场所问题及解决意见的报告

专署：

永修县吴城公社的松门、松峰大队与我县北山公社邹家咀大队、矶山公社的西河大队等，于1962年因争执老爷庙和社林头（又名石雷咀）至新妙大坝捕鱼场所纠纷，我县于1962年10月19日、1963年3月3日和7月28日已书面向专署报告。现根据专署今年4月28日电话通知精神和当前存在的问题，补充报告如下：

关于捕捞场所问题：

老爷庙和社林头至新妙大坝的一段水面，位于我县内河，三面被我县多宝、北山、西山、矶山、新妙湖包围。涨大水时，与星子县渔民捕捞场所水面相连。解放前的湖底权属于我县的多宝公社和北山社的陈家、火龙山村、老爷庙段家、刘家山、邹家咀、同仁堂等村所有。捕捞习惯也一向由管理单位经营和作业。其中，布网、苏网大网落脚捕捞，则以邹家咀村为主。松门山大队渔民在这段水面并没有捕捞习惯，只是曾有两三部绞网（渔民称高网）在社林头以外的千字潭（系我县矶山、北山等公社的捕捞场所）西南边取过鱼。当时由于工具数量很少，而又没有发生争执，所以当地渔民未加干涉。1962年松门山大队渔民越界在老爷庙的十埠水中捕捞，引起争执，纠纷发生后，曾经过多次协调未妥。

我们对这个捕捞场所的解决意见是：老爷庙和社林头至新妙湖大坝的作业问题，根据专署〔63〕号赣北发字第062号通知，要我们允许松门山渔民每年来六部绞网，在老爷庙至新妙湖大坝作业。遵照专署通知，我们在渔民中进行了贯彻，侭（尽）管当地渔民有不同意的意见，我们坚持做好工作，还是贯彻执行。但为了避免今后在作业时工具相遇的矛盾而引起纠纷，建议应处理好三个方面的问题：

第一，绞网与大网、苏网的关系。绞网一般是深水作业，大网和苏网是落脚生产。为了不影响落脚生产工具的捕捞，绞网要与水面为界，离岸三华里左右始得下网作业。

第二，绞网与钩。这两种工具一般是深水作业。不同之点，钩一般是张钩取鱼，绞网是活动的。因此，应该是谁先到谁先取，张钩未起之处不能绞网。

第三，钩与大网的作业关系，仍按原习惯：拉网的地区不张钩，已张钩的水面不拉网。

专署〔63〕赣北发字第222号通知，要求允许松门大队增加一部落脚网在石雷咀至新妙大坝作业，我们做了很多工作，当地渔民坚决不同意。因为松门大队不仅没有捕捞习惯，同时也的确存在实际问题：我县在老爷庙、社林头至新妙大坝捕捞作业的，有西山、多宝、矶山、北山四个公社，布网、苏网30余部，钩18船，其它罩网等工具100余件，捕捞场所本来就很狭窄。因此，松门大队的落脚网在上述水面安插确有困难。

沙港捕捞场所问题：

我县矶山公社渔民在沙港捕捞历来是以水为界。1957年12月25日的协议规定以时间（古历八月初一）为界，与习惯不符。协议后至1962年，双方渔民还是执行了原有习惯，1962年才发生了争执。同时，签订协议时没有渔民代表参加，矶山渔民对此意见很大，要求重议。

关于被殴伤的渔民问题：

1962年10月17日，松门大队渔民无故殴伤邹家咀渔民14个。同年10月26日，经专署戴处长主持解决，签订了协议。按照协议精神，尚有两个问题松门大队未有执行：一是杨正伸、邹可师（狮）被殴伤后，在治疗期间，同年11月经九江专区医院检查结论，杨正伸左肢挠（桡）骨骨折，邹可师（狮）肋骨骨折。其残废后果应由松门大队负责，并担负其家庭生活费和抚恤费用；二是尚有医药费335.80元，松门大队未有按单据付款。

都昌县人民委员会

一九六四年五月七日

关于解决永修松门山大队和都昌邹家咀大队的捕鱼问题的协议

一九六四年十二月四日，在九江专属商专员的亲自主持下，召集了永修、都昌两县县长及有关社队负责同志参加。双方在有利生产、有利团结的基础上，达成如下协议：

1. 根据互助互让精神，都昌同意永修松门山大队每年可来十四部篙网在都昌境内所辖老爷庙至新妙大坝水域内进行捕鱼生产。

2. 在渺水季节，永修松门大队的篙网必须距岸边水位一华里；枯水季节距岸边水位三百公尺进行捕鱼生产。

3. 根据以上两条，永修松门山大队在安排生产时，不得越界捕鱼。

4. 永修松门山大队进行篙网生产时，不能影响都昌落脚网生产。

5. 永修松门山大队从老爷庙至新妙湖大坝的一段水域内，不能搞落脚网的生产。

6. 本协议书自签订之日起生效，双方坚决执行，任何一方不得违犯。

本协议书底稿存九江地区中级人民法院。

本协议书共翻印20份。

1964年12月4日

签名：

永修：张声钧、于洪顺、陈典仁、蔡庭湖

都昌：周迂炳、占元浒、邵同煜、邹可祯、王庭椿

专署：戴衡山、梅金刚、蔡报文、周裕兴

渔籍登记、祖神祭祀与地域整合

刘志伟对北帝崇拜的研究[①]与陈春声对双忠公信仰的研究[②]，都通过神明祭祀的个案展现出正统性神明的地方化过程。通过此类研究我们可以发现，将乡村神明故事置于地域社会长时段演进的时空脉络中来解析，就可以重构乡村社会的历史。本章以都昌县余氏家族祭祀"三山太公"的故事为个案，展现由明至清余氏如何将"大历史"改造成为他们自身"传统"的历程，并以此为基础讨论湖边社区整合的机制问题。[③]

一、"三山太公"的祭祀：开村传说与地域关系

在鄱阳湖东北角有一处名为酬池湖的水域[④]，在其东、西两

①刘志伟：《神明的正统性与地方化——关于珠江三角洲地区北帝崇拜的一个解释》，《中山大学史学集刊》第2辑，广州：广东人民出版社，1994年，第107—125页。

②陈春声：《"正统"神明地方化与地域社会的建构——潮州地区双忠公崇拜的研究》，《韩山师范学院学报》2003年第2期。

③本章为笔者尚未发表的博士论文的部分内容，旨在讨论明代中叶以后课甲制度推行过程所引发的民众反应及对地方社会结构变化带来的影响。本文的讨论虽不直接与邹家咀村相关，但用到了邹家咀村保存的《渔米课册》，由此可进一步理解这本《渔米课册》在明清时期地域社会中的实际用途。

④"酬池湖，涸期面积3500亩，深1~3米，盛产鱼、蚌、虾。汛期是航运避风港及商船装卸码头，为南峰、芗溪公社渔民捕捞场所。"（《江西省都昌县地名志》，第303页）

岸有12个余姓乡村，这些乡村拥有共同的宗谱，宣称“三山太公”余伯明（1294—？）是其共同的祖先，展现出高度一体化的社会形态。当地一体化的特点还体现在以下几方面：

首先，体现在行政区划上。按照今天的行政区划，酬池湖东、西两岸分属于都昌县南峰镇和芗溪乡管辖。但在明清时期，当地统称为香溪（也作芗溪），隶属于长宁乡十都。就行政区划归属而言，当地在明清时期都位于南康府杨林河泊所的辖区之内。直到民国，当地仍统称为南溪乡。分立的格局是直到20世纪50年代才形成的。[①]因此，这是一片很早就被整合过的地域。

其次，体现在村际关系上。该地域内总计有12个余姓村落，湖西岸有9个，其中的枣树村相传是当地所有余姓村落的祖源地[②]，另外8个村分别是：余官村（又称余官里或酬村）、麻园村（又称麻园里）、竹峦村（又称竹峦里）、昂四村（又称昂四里）、前头份村、周垅湾村，以及上毛坦村、下毛坦村（统称毛坦里），相传这些村落大多是在清代自枣树村分迁而成；湖东岸则有白水塘村、余访村和坛里村3个村。湖边众多以“里”为名的村落或村落联合体值得注意。例如，当地人就将余访和坛里两村统称为“余晃里”。余访村是此区域内最大的村子，与坛里村连成一体；而坛里村则是祭拜“三山太公”的庙宇“太公屋”的所在地。当地还传说坛里村村名的由来是因为过去村里有个祭祀的神坛。由此可以推知，今天当地以“里”为名的村落很多应该是在明代里社的基础上演变而来的。[③]

再次，体现在一年一度的游神活动中。游神经过村落的顺

①参见都昌县志编修委员会编纂：《都昌县志》卷一《建置》，北京：新华出版社，1993年，第6—10页。

②相传枣树村的开基祖是南宋杰一公。

③明初政府规定：“凡各处乡村人民，每里一百户内，立坛一所，祀五土五谷之神。”“凡各处乡村每里一百户内，立坛一所祭无祀鬼神。”（张卤辑：《皇明制书》卷七《洪武礼制》，《续修四库全书》第788册，上海：上海古籍出版社，1996年，第315、317页）

序与时间（均为农历）是：坛里村→前头份村（腊月二十四）→余官村（正月初四）→上毛坦村（正月初五上午）→下毛坦村（正月初五下午）→竹峦村（正月初六）→昂四村（正月初七早晨）→枣树村（正月初七上午）→麻园村（正月初七下午）→白水塘村（正月初八）→周垅湾村（正月初十）→余访村、坛里村（正月十五前后）。游神的大致情形，如笔者于2014年农历正月初七在枣树村所见：太公塑像、太婆塑像分别被置于两个滑杆上，由村中的青壮劳力抬着，太婆塑像在前，太公塑像在后。塑像抵达村里后，在每户门前接受祭拜，然后被安放在一名村民家中接受全体村民祭拜。“三山太公”在前头份村驻留的时间颇长，前头份村村民说这样做是为让“三山太公”在该村“过个年”。该村有道士。2015年农历除夕，笔者抵达该村，观察到村里的宏堃道士在举办一个名为“封印”的仪式。其间他念诵了《接圣科文》，节录如下：

……香茶鲁酒，开壶上献；向来献茶进酒已毕，礼不再斟，具有开启请圣，情意谨当开宣。江西省南康府都昌县十都长宁乡。奉道建斋，追修化财。……①

被众人抬着的“三山太公”塑像

① 《接圣科文》，宏堃道士祖传手抄本。

"封印"之意，是指道士请其上世祖师出面邀请自府县到乡里的一切神灵下凡接受供祭。"三山太公"受邀，是因其具有护卫一方的神灵身份。此外还要注意"三山太公"另一个"英烈侯"的身份，谱中这样写道：

及三，讳希亮，字伯明，号三山，生于元世祖至元甲午年。至顺帝至正戊戌年，毅然有为，助明太祖有功，赠英烈侯。[①]

可见，"三山太公"余伯明之所以成为酬池湖东西两岸区域内余氏共同拥戴的神明，源于其元明之际帮助朱元璋击败陈友谅的传说。明清时期余氏是在何种历史情境之下讲述这样的祖先故事？余伯明由祖先向神明演化的过程对地方社会结构的变动又产生了怎样的影响？

二、"从舅余姓"：明初"功臣之家"的建构

按宗谱所载，余伯明是酬池湖西岸的枣树村人，余铎[②]是其曾孙，自余伯明至余铎的世系依次是：余伯明—余九德—余厚—余铎。景泰七年（1456），余厚（1375—1456）去世，余铎请鄱阳县人王弼撰写了墓志铭，文中写道：

先生姓余，讳厚，字叔载，松隐其号也，年八十有一，殁于景泰之七年十一月十三。……其第五子铎，奉翰林检讨，向公之状过予。……按松隐公之先世，本湖广武昌人，其祖讳杰一者，师朱文公，授白鹿书院校正，因家都昌之芗溪，子孙遂世家都昌。杰一公生九八翁，九八生丙三，丙三生绍宗，宗生子二：长曰伯明，生九德，即松隐之先府君也；次伯敬，生九龄、九成。元季盗起，九龄集义兵保乡里。国朝甫定，拜江西行省左丞，寻改怀远将军，镇汀洲（州）。龄殁，弟成代袭武

①《余氏宗谱》卷一《统宗世系》，1948年修。

②康熙《都昌县志》卷七《人物》记载："余铎，……景泰二年任广东韶州推官。"

略将军爵，御寇定辽。皆九德亲兄也。二兄俱以官居外，惟九德以幼家居。[①]

上述记载值得注意之处有二：其一，景泰年间的枣树村余氏，显然已是地方上有势力的家族。对于祖先“建立军功”的历史，余铎强调的“功臣”是其堂祖父余九龄，而非其曾祖余伯明。其二，王弼代表余铎的立场，强调余九龄是枣树村人，而且还指出余九龄死后，由胞弟余九成继承爵位。不过，王弼在讲述余九龄与余九德的关系时却出现了前后不一的表述，先是说两人是堂兄弟关系，随后却又说两人乃为“九德亲兄”，这一似乎有意拉近余九德和余九龄关系的说法，显示出余九龄不同寻常的身世。元末动乱时，饶州有个名叫余椿的人，原为徐寿辉部将，后归附朱元璋。正德《饶州府志》中记载的“江春”就是余椿：

江春，字九龄，从舅余姓，后复。读书通大义，善武事。至正末，春倡义兵。徐寿辉陷饶，署春为左丞，屯都昌香溪。寿辉被陈友谅杀，春思报之，遂归附，除权江南行省左丞。随驾克江州、豫章诸郡，解安丰围，败友谅于康郎。除同知淮武卫亲军指挥司事，迁同知振武卫。继下泰、通、湖、苏、浙西诸州，擒张士诚，定河南一带，拜怀远大将军。……后预降幽、蓟，平雁门、云中，走大同将竹真，遂守御大同。……与世袭大同卫，复命同知都尉，寻迁同知朔州卫、长淮卫、汀州卫。广东盗起，檄春平之，功独多。回卫，卒。上嗟悼，遣行人李止善谕祭，归葬鄱新城乡。无嗣。将余韶（字九成）归附，后命同于光镇饶。下豫章、武昌，定幽、蓟，镇御大同，韶皆预有功。擢武略将军、定辽卫副千户。后调征开原，阵亡。[②]

①《余氏宗谱》卷首《松隐先生墓铭》。

②陈策修，刘录纂：正德《饶州府志》卷四《人物》，明正德六年（1511）刻本。

上述方志中的"九龄"与王弼在《余氏宗谱》中所说的"九龄"是同一人，而且均指余椿。[①]分歧在于，王弼认为余椿是都昌县枣树村人，正德《饶州府志》则代表鄱阳县人立场，认为余椿是鄱阳县新城乡人。[②]此外，分歧也表现在余九成的身世上，王弼认为余九成是余椿的胞弟，府志则说余九成是余椿的部将。文献记载的冲突，使得余椿的身世扑朔迷离：余椿的家乡究竟在都昌还是鄱阳？余椿又是否真由江姓人改姓而来？这样的疑问，也困扰着清初方志的编修者。康熙《鄱阳县志》这样记载：

（江）春，字九龄，家鄱之新城乡，都昌其故居也。读书通大义，善武事。至正末，倡义兵，保乡闾。壬辰，徐寿辉遣项普略陷饶，署春为左丞，屯都昌香溪。寿昌（辉）为陈友谅所杀，春思报之，遂归明，除权江南行省左丞。随太祖克江州、豫章诸郡，解安丰围，败陈友谅于康郎山。论功，授同知振武卫亲军指挥使司。从诸将下泰、通、湖、苏、浙西诸州，擒张士诚，定河南郡，以功拜怀远大将军。与降幽、蓟，平雁门、云中，走大同将竹真，遂守御大同。同知大同卫，世袭。迁同知朔州、长淮、汀州等卫。广东贼起，檄春平之，功多。回卫，卒。归葬鄱新城乡。无嗣。[③]

---

①《余氏宗谱》和正德《饶州府志》有关"九龄"生平的记载多有相同或类似之处，故可认定两则材料中的"九龄"即余椿。

②正德《饶州府志》的编修人是饶州知府陈策，因有重要事务办理，陈策将修志事宜委托给鄱阳县举人刘录（字世臣），刘录则将收集地方文献的任务分配到饶州府所辖各县，负责鄱阳县文献整理工作的是两任知县陈良翰、周震，最终仍"总归世臣裁之"。陈策写道："书成，予在兵营，复校正之，惜不得多载书以核实往事。"因此，材料所谓余椿乃鄱阳县人的说法，代表着鄱阳县人的立场。参见正德《饶州府志·知府陈策序》。

③王克生修，王用佐等纂：康熙《鄱阳县志》卷一一《人物上》，清康熙二十二年（1683）刻本。

文中特别提出了传主“家鄱之新城乡，都昌其故居也”这种模棱两可的说法。康熙《鄱阳县志》中的新城乡，位于鄱阳县西北与都昌县交界处，辖有“青林”等村。[①]青林村今天仍然存在。该村有一部编修于21世纪初的《江氏宗谱》，谱中刊有数篇古文，其中一篇是传记，传主名叫“江椿”，传记内容与上引康熙《鄱阳县志》中的文字基本相同。

由于材料的不足，余椿的身世或许成为永久的谜，但可以肯定的是，明中前期枣树村余氏强调的家族“功臣”并非余伯明，而是余椿，当时这样做或许是为了获取差役方面的优免。不过，至明代中后期，讲述军功故事的已不再是酬池湖西岸的枣树村人，而是酬池湖东岸的余姓人家，他们强调的“功臣”也不再是余椿，而是余伯明。

三、从课户到神明：课甲登记与社区整合

明代中后期，在酬池湖边发生的较为重要的历史事件是湖东岸余访村的建村。《余氏宗谱》刊有一篇乾隆五年（1740）余访七世孙余德亨（1691—1752）所撰余访生平的文章，指出余访是因酬池湖西岸枣树村“祖居之地人稠事冗”而迁居到东岸，见“其地田可耕、山可采、坪可牧，而潭可渔”，遂定居该地，故“后人因公讳而呼村”。[②]

清初以前与枣树村联宗的村落仅有湖西岸的余官村和湖东岸的白水塘村、余访村。《余氏家范》一文在记载嘉靖十九年（1540）上述几个村落之人在酝酿修谱之事时这样写道：

> 嘉靖庚子年冬，诸族属议曰：“五世不修谱，君子以为患焉。”谱之修，俾子孙知本知别。……顾吾之谱，上追祖祀而

---

①康熙《鄱阳县志》卷二《舆地》。

②《余氏宗谱》卷首《访公分迁金山引》。

尽其孝，下开子姓以尽其义。编修族属，以广其仁。[①]

次年，余氏完成修谱，谱序中写道：

邑东去三舍，地名芗溪。……至正年间，海内淆乱，官五、及三、表一率子侄练习武备，固守地方，非但为一乡计，而大江以南皆借保障焉。值明祖讨陈友谅，奋然捧檄，以乡兵助战于湖上，克之。承命从征虏，收吴越，靖云广，扩中原，入幽燕。计功锡爵，诸尊长曰："复亨与椿年壮，可领职，以俟调用。"[②]

从上可见，嘉靖十九年至二十年（1540—1541），酬池湖两岸的余氏进行了入明以后首次较大范围的联宗活动，也正是在此期间，余氏"功臣之家"的表述内涵发生了转变，表现在以下三方面：其一，余氏强调的"功臣"不再是余椿，而是余伯明。作为余伯明侄辈的余椿已成为配角。[③]其二，文中提到了余复亨，按地方志记载，他是鄱阳县人，永乐年间受到朝廷重用。[④]另外，余氏将余昶（余昶塑像见下页）纳入了宗谱。余昶是元末鄱阳湖大战中阵亡的朱元璋部将领，明初被"褒封为下邳侯"[⑤]。余氏将余复亨、余昶纳入宗谱，意在提高本族的社会地位。

本书《导言》所引邹家咀村所存《渔米课册》之开篇序言，讲述了嘉靖二十一年（1542）都昌县官府编造《渔米课册》之因由。余氏通过建构余伯明带兵打仗建军功的故事以及通过

①《余氏宗谱》卷首《余氏家范》。

②《余氏宗谱》卷首《余氏宗谱序》。

③乾隆五年（1740），余德亨写道："及三公……功成敛迹，令长侄椿领职，褒封三代，敕载家乘。"（《余氏宗谱》卷首《余氏重修宗谱序》）

④康熙《鄱阳县志》说余复亨"弱冠，坐事戍辽东"，靖难兵变后，先后封为"武略将军、副千户""武德将军"，后晋升"明威将军，同知锦衣卫亲军指挥使司"。（康熙《鄱阳县志》卷一一《人物上》）

⑤狄学耕修，刘庭辉、黄昌蕃纂：同治《都昌县志》卷九《人物》，清同治十一年（1872）刻本。

康山忠臣庙中的余昶塑像

修谱确认和维系余氏共同户籍的做法，目的就是使余伯明之名登记进入《渔米课册》之中：

库甲：一户余伯明，拾都人，原额承佃水名酬池腹内棘池、上下酬村港、樟油汊、魏受汊，共课米贰拾石。[6]

余伯明酬池湖承课户的身份，可以使湖边的余氏被庇护在余伯明户头之下捕鱼，从而逃避赋役，由此也使余伯明实现了“祖先”与“户主”的身份叠加。而余伯明在身份上完成由“户主”向“三山太公”的演变是在明清之际。康熙二十一年（1682），

①《渔米课册》，第20页。

余伯明十一世孙余瑞生（1659—1711）在《及三公传》一文中这样写道：

> 吾六十四世祖及三公，后人刻木以肖其像，饮食必祭之。……元季盗起，民皆逃匿，我三山公招复流亡，得子弟若干人为守御之计，而一境独全。未几，明太祖战鄱湖，数为伪汉所困。公要击于三山之交，出其不意，汉兵大败，自是不敢东向。明祖德之，因呼公曰“三山”，嘉乃勋也。而公则不自有其功，乃使其弟之长子椿，诣行营受命，拜怀远将军，代领其众，自脱剑归山林，不复以知人世事。迨洪武三年大封功臣，上念三山之捷，追封为英烈候。特以未从征伐，不获锡有国土传及苗裔，论者惜之。此其出处之大略也。[①]

明清之际，余伯明建立军功故事的发生地点被详细化为湖中“三山”水域[②]，“三山太公”因之逐渐为酬池湖两岸的余氏所认可和信奉，并最终成为余氏尊奉的神灵。清初以后，融入“三山太公”祭祀圈之中的村落越来越多。

四、“随水捕鱼”：流动的边界与固化的权益

余氏控制下的酬池湖，虽然东、西两岸属于都昌县，但其北部湖面则随季节变化在都昌与鄱阳两县交界之地伸缩。鄱阳县金氏住在酬池湖东北角，其门首有一处四亩八分的农田，春夏涨水，金氏的农田就成为酬池湖的湖底，余氏捕鱼时，常被金氏认为是进入其领地。顺治、康熙年间双方多次发生冲突，酿成命案。嘉庆七年（1802）五月，余氏和金氏再次因此互控。嘉庆十年（1805），饶州和南康两府官员会审，做出涨水时余氏“随水捕鱼”、退水时金氏“管业荫田”的判决，并对该判

①《余氏宗谱》卷首《及三公传》。

②康熙《都昌县志》卷一《封域》记载：“三山，在治东南六十里鄱阳湖水之中。”

决的根据进行了如下解释：

> 余姓之祖余伯明承佃酬池一所，坐落都、鄱两邑交界处，所在都邑完课水米四十六石，有册为凭。……查历来管湖章程，分别湖底、湖面。凡承水课者，仅管湖面，水涨即随水所至管业；水涸则湖底成为湖地田塘，承完地粮。是以课册内载明水涨水落界止，井然不混。至取鱼之法虽多，但湖内水涨止能用网。此管湖之章程也。①

官府认可民间处理农渔之争时区分湖底、湖面的习惯法，是在法律层面对余氏捕鱼权的再次确认，由此进一步巩固了余氏对酬池湖的水面控制权。咸丰年间，以余访村为权力中心的余氏成为主导地方事务的大族之一。《鹤显公行实》一文这样写道：

> 及壮年而务武艺，公事己任，临难全无惧色，保族大有奇功。于辛亥年间，与金姓争讼，毙其三命而无抵。……伊心不甘，纠集同县之人与村敌战。公排乌鸦之阵，势如破竹，毙其三十余人之命，合族依然无虞。时值粤匪临境，村中敌其大败，毙贼数百余命，不特村中为幸，即朝廷亦为幸矣。②

以上的记述彰显了余氏势力之强盛。

1952年，《江西省人民政府关于湖、沼、河、港及鄱阳湖草洲暂行管理办法》颁布，其中第三章第七条规定，面积较大或有特殊原因不易划清边界的湖面，渔民仍按原有习惯和作业范围进行捕鱼。③因而，对于当时的湖边村落而言，确定“习惯”捕捞水域十分必要。酬池湖边数个余姓村落的代表曾会同都昌县有关部门的工作人员勘察了余氏的“习惯”捕捞水域，

---

①《余氏宗谱》卷首《府县公详》。

②《余氏宗谱》卷首《鹤显公行实》。

③《江西省人民政府关于湖、沼、河、港及鄱阳湖草洲暂行管理办法》，《江西政报》1952年第9期。

并撰写了一份《余伯明裔孙合管湖港名录》。1981年，酬池湖边所有余姓村落根据该份名录签订了《管理湖港草洲合约书》。1988年余氏第14次编修宗谱时，该份合约书被刊入宗谱。

余氏坚称世代享有酬池湖的捕鱼权，并将捕鱼权的来源归因于余伯明的“军功”。2014年，笔者到当地调研，看到坛里村正在兴建祠堂，正厅墙上悬挂的对联之一就写道：“先公三山大战鄱湖战果辉煌满门忠孝世间稀。”

附录

一、邹氏世系图（部分）

- 伯一
  - 淑五
    - 祥三
      - 永济
        - 远宣
          - 存珊
            - 正义
              - 明进
              - 明迪
                - 天贞
                  - 德赞
          - 存松
            - 正魁
              - 明千
      - 永洙
        - 远荣
          - 存琢
            - 正才
              - 明遡
                - 天盟
                  - 德孟
                    - 帮美
                      - 本伊
                        - 曰锡
                          - 万治
                            - 民拔
                              - 太伟
                                - 平兴
                                  - 时涣
                                    - 可荣
                    - 帮喻
                      - 本伋
                        - 曰威
                          - 万利
                            - 民缙
                              - 太泗
                                - 平谦
                                  - 时恭
                                    - 可义
                                      - 必发
                                        - 全水
              - 明週

二、村落大事记

顺治十年（1653），邹德孟、邹德赞修邹氏宗谱，并与湖口县东畲坊邹氏联宗。宗谱于次年修成。

顺治年间，邹氏取得矶池权益。

1965年，都昌县人民政府修建邹家咀圩堤。

图书在版编目(CIP)数据

滨湖渔村:都昌邹家咀村档案/李敏编著. —长沙:岳麓书社,
2016.2

(江西古村落档案丛书/王德保主编)

ISBN 978-7-5538-0459-0

Ⅰ.①滨...　Ⅱ.①李...　Ⅲ.①村史—都昌县　Ⅳ.①K295.65

中国版本图书馆 CIP 数据核字(2015)第 236724 号

BINHU YUCUN:DUCHANG ZOUJIAZUI CUN DANG'AN

滨湖渔村:都昌邹家咀村档案

编　　著:李　敏

责任编辑:胡宝亮

责任校对:舒　舍

封面设计:风格八号

岳麓书社出版发行

地址:湖南省长沙市爱民路 47 号

直销电话:0731-88804152　0731-88885616

邮编:410006

岳麓书社网址:www.yueluhistory.com

2016 年 2 月第 1 版第 1 次印刷

开本:960mm×640mm　1/16

印张:10

字数:154 千字

ISBN 978-7-5538-0459-0

定价:49.00 元

承印:北京虎彩文化传播有限公司

如有印装质量问题,请与本社印务部联系

电话:0731-88884129